Köstliches aus der alten Berliner Küche

Bernhard Schambach

Bernhard Schambach

Köstliches
aus der alten
Berliner
Küche

Gerichte mit Geschichte
aus Berlin und der
Mark Brandenburg

Kock

Mit dem Duft von Gewürzen, den der aufmerksame Leser beim Durchblättern des Buches bemerken wird, wurde das Papier während der buchbinderischen Verarbeitung angereichert. Der Gewürzduft entweicht mit der Zeit bei häufigem Gebrauch!

Fotos:
Landesbildstelle Berlin
Rembrandt Verlag Berlin
Fackelträger-Verlag, Hannover
Hans-Theo Wagner, Berlin
Privatbesitz

2. Auflage
© Copyright 1987 by
Verlag Hans-Peter Kock
Postfach 5010
4800 Bielefeld 1

Herstellung:
ABC Satz und Druck GmbH, 1000 Berlin 45

ISBN 3-921991-08-0

Vorwort

Gerade heute, in einer Zeit, in der sich die Gastronomie, aber auch unsere Hausfrauen gern für ausländische Eß- und Trinkgewohnheiten interessieren und fremdländische Gerichte in ihr Repertoire aufgenommen haben, ist es unser Anliegen, die heimische Küche wieder mehr in unser Bewußtsein zu rücken. Wir wollen feststellen, ob nicht auch hier „verborgene Schätze" ruhen, die zu „heben" sich lohnt, um unseren gewohnten Speiseplan mit alten Gerichten unserer Großmütter zu bereichern – Gerichte, die wir teilweise noch aus unserer Jugendzeit her kennen, deren Namen wir jedoch vergessen haben.

Bernhard Schambach, der Küchendirektor des BRISTOL HOTEL KEMPINSKI BERLIN, hat aus seinem großen Fundus die beliebtesten Gerichte der alten Berliner Küche ausgewählt, probiert und niedergeschrieben. Hierbei ließ er sich von dem Gedanken leiten, Gerichte aus allen gesellschaftlichen Schichten verschiedener Epochen vorzustellen.

So finden wir nicht nur Rezepte bürgerlicher Gerichte vor und solche, nach denen in gehobenen Restaurants gekocht wurde, sondern auch Rezepte, welche die Armut der Menschen in ihrer Zeit widerspiegeln.

Eine Großstadt wie Berlin, die erst im 18. und 19. Jahrhundert durch den enormen Zustrom von Einwanderern aus anderen deutschen Gegenden zur Weltstadt angewachsen war, bietet auch in bezug auf Eß- und Trinkgewohnheiten eine beträchtliche Vielfalt. So wurde die Berliner Küche geprägt von Einwanderern aus Schlesien, Böhmen, Ostpreußen, Mecklenburg und Pommern, was in unseren Rezepten immer wieder zum Ausdruck kommt. Nicht zuletzt waren es die Hugenotten aus Frankreich, die im 17. Jahrhundert ihren Gemüseanbau sowie viele Rezeptideen mit nach Berlin brachten.

Mit diesem Kochbuch erheben wir nicht den Anspruch, alle typisch berlinischen Gerichte vorzustellen, sondern beschränken uns auf eine Auswahl der hinsichtlich Historie und Qualität der Gerichte interessantesten Kochrezepte. Dafür nimmt das begleitende Bildmaterial über alte Küchengeräte, historische Restaurants usw. einen größeren Raum ein.

Verzichtet wurde auf die Beschreibung der jedem bekannten einfachen Speisen wie Bouletten, Bock- und Currywurst, Hackepeter, saure Gurken und Soleier, die allesamt typisch berlinisch sind, jedoch zum Schnellimbiß in Budiken und Destillen zählen.

Daß Fischgerichte in diesem Buch einen großen Umfang einnehmen, liegt daran, daß man in Berlin seit jeher vom Fischfang in Havel, Spree und den umliegenden Seen lebte. Das Angebot an Süßwasserfischen, Aalen und besonders Krebsen war überaus groß.

Und nun viel Glück beim Ausprobieren der Rezepte, die Mengenangaben beziehen sich immer auf 4 Personen, nach dem Motto: „Lieba wat jutet, aba dafür en bisken mehr!"

Autor und Herausgeber

Inhalt

Aus Berliner Suppentöpfen

Von märkischen Garten- und Ackerfrüchten

Aus dem Stralauer Fischfang

Krebse Berliner Art   52
Krebse in Bier   54
Aal grün   56
Aal in Weißbier   58
Altberliner Schusterpastete   61
Schleie Spreewälder Art   62
Flußbarsch in Petersiliensauce   64
Grashecht gebraten   66
Berliner Speckhecht   68
Mecklenburger Pflückhecht   70
Mecklenburger Kneffs in zartem Grün   72
Zander auf Stettiner Art   74
Preußischer Butterfisch   76
Karpfen polnisch   78

Aus Pfannen und Schmortöpfen

Pottwurst mit Linsen   82
Stolzer Heinrich   84
Berliner Bollenfleisch   87
Altberliner Speckeierkuchen   88
Schlesisches Himmelreich   89
Eisbein mit Sauerkraut   90
Sauerkraut aus dem Ofen   92
Schmorgurken mit Schweinekamm   94
Kasseler Rippe   96
Kandierte Spanferkelkeule   98
Kalbsleber Berliner Art   100
Lungenhaschee mit Setzei   103

8

Rund um die Gans und anderes Federvieh

Berliner Süßspeisen

Berliner Gebäck

Laubenpieper's Selbstgemachte

Aus Berliner Suppentöpfen

Kartoffelsuppe à la Kaiser Wilhelm

so nannte man im Volksmund diese Kartoffelsuppe, die auch Kaiser Wilhelm II. zu schätzen wußte. Nach Angaben seines letzten Leibkochs mußte sie „recht bürgerlich" zubereitet sein, vorzugsweise mit einer Einlage aus feingeschnittener Rinderbrust.

1 Bund Suppengrün, 600 g geschälte Kartoffeln, 1 1/2 Liter Rinderbrühe, 1 Speckschwarte, 1/2 Teel. Kümmel, 1 kl. Lorbeerblatt, 1 Knoblauchzehe, 30 g Butter, 60 g magerer Speck, 1 Zwiebel, 1 Teel. Majoran, 1 Bund Petersilie, etwas kalte Butter, Pfeffer aus der Handmühle, Salz, Muskatnuß.

Suppengrün putzen und waschen, die Hälfte davon und etwa 2/3 der Kartoffeln grob würfeln und mit der Brühe zum Kochen bringen. Speckschwarte, Kümmel, Lorbeerblatt und Knoblauch hinzufügen und gar kochen. Dann durch ein Sieb streichen. Restliche Kartoffeln und Suppengrün in kleine Würfel schneiden, in Butter anschwitzen und in der durchgesiebten Suppe etwa 30 Min. weich kochen.
Inzwischen die Zwiebel abziehen und mit dem mageren Speck in kleine Würfel schneiden, beides goldgelb anrösten, zum Schluß Majoran darüberstreuen, durchschwenken und alles in die Suppe geben.

Petersilie waschen, fein hacken und mit der kalten Butter unter die Suppe rühren, schließlich mit Pfeffer, Salz und Muskat abschmecken.

... als Einlage sind Würstchen - besonders aber feingeschnittene Rinderbrust zu empfehlen!

Berliner Erbsen mit Ohr und Schnauze

seit Generationen eine Berliner „Institution" – ebenso wie die
Bierlokale von Aschinger, die nicht allein wegen ihrer Erbsen-
suppe frequentiert wurden, sondern weil es dazu kostenlos
soviel Schrippen gab wie man wollte.

Fleisch von 1/2 gepökeltem Schweinekopf (Ohr, Backe,
Schnauze), 250 g gelbe Erbsen, 2 Zwiebeln, 1 Lorbeerblatt,
2 Nelken, einige Pfeffer- und Gewürzkörner, 1 Bund Suppengrün, 2 Kartoffeln, Salz, 2 Eßl. gewürfelter Speck oder
Schmalz, 1 Teel. Majoran.

Zunächst das Fleisch über Nacht wässern sowie die gelben
Erbsen über Nacht einweichen.
Fleisch mit 1 1/2 Liter Wasser aufsetzen, 1 Zwiebel abziehen
und in Würfel schneiden, mit Lorbeerblatt, Nelken sowie
Pfeffer- und Gewürzkörnern in den Topf geben und alles etwa
1 1/2 Std. weich kochen. Dann das Fleisch aus der Brühe
nehmen, in Würfel schneiden und warm stellen.
Die Erbsen in der durchgesiebten Schweinebrühe weich kochen,
das geputzte und gewaschene Suppengrün und die geschälten
Kartoffeln dann zu den Erbsen geben. Nochmals 1/2 Std. kochen
lassen und mit Salz abschmecken.

Sodann die andere Zwiebel abziehen, würfeln und in zerlassenem Speck oder Schmalz goldbraun anbraten. Mit Majoran und dem gewürfelten Fleisch zu der Suppe geben. Sehr gern nimmt man auch Spitzbein oder Würstchen.
Die Suppe in einer Terrine mit frischen Schrippen servieren.

Aschinger am Alexanderplatz im Jahre 1909

Preußischer Beetenbartsch

der saure Eintopf aus Roten Beeten und Rindfleisch, ähnlich dem russischen „Borschtsch", von dem sich auch sein Name herleitet.

600 g Rindfleisch, 2 Markknochen, 1 Brühwürfel, 1/2 Teel. Kümmel, 12 Pfeffer- und 6 Pimentkörner, 1 Liter Wasser, 1 Bund Suppengrün, 600 g Rote Beete, etwas Essig, 1/2 Bund Majoran, Salz, Pfeffer aus der Handmühle, 100 g durchwachsener Speck, 1 Zwiebel, 600 g gekochte Kartoffeln, 1/4 Liter saure Sahne.

Rindfleisch und Markknochen abspülen und mit dem Brühwürfel, Kümmel, Pfeffer- und Pimentkörnern im Wasser zum Kochen bringen, dann abschäumen und kochen lassen. Nach einiger Zeit die Knochen aus der Brühe nehmen, von dem Mark 4 Scheiben abschneiden und zum späteren Anrichten beiseite stellen. Den Rest wieder in die Brühe zurückgeben.
Das Suppengrün putzen, waschen, die schönsten Stücke in Würfel schneiden und beiseite stellen. Das übrige Suppengrün in die Brühe geben.
Rote Beete in Wasser weich kochen, dann in kaltem Wasser abschrecken, schälen, raspeln und mit Essig beträufeln.

Das gare Rindfleisch aus der Brühe nehmen und warm stellen.
Die Brühe durch ein Sieb gießen und nun das gewürfelte Suppengrün darin weich kochen.
Dann die Rote Beete sowie die gezupften Majoranblätter
(4 Stück zurücklassen!) in die Brühe dazugeben, mit Salz und
Pfeffer abschmecken.
Speck und abgezogene Zwiebel in kleine Würfel schneiden und
in einer Pfanne anbraten. Die gekochten, in grobe Stücke geschnittenen Kartoffeln hinzufügen und durchschwenken.
Nun das Rindfleisch in 4 Scheiben schneiden und mit den Kartoffeln in den Bartsch geben. In einer Schüssel anrichten.
Die Sahne in Häufchen daraufsetzen und die 4 Markscheiben
mit je einem Majoranblatt belegt darauf verteilen.

Rote Beete

Königsberger Fleck

fast in Vergessenheit geraten: Der Eintopf aus Gemüse und Rinderpansen aus der ehemaligen Hauptstadt der Provinz Ostpreußen, gehört auch zur Berliner Küche.

Etwa 1 kg Rinderpansen (beim Schlachter bestellen!), 4 Stück gesägte Rindermarkknochen, 1 Brühwürfel, 1 Lorbeerblatt, 8 Gewürz- und 16 Pfefferkörner, 1 Knolle Sellerie, 2 große Möhren, 1 Stange Lauch, 1 Petersilienwurzel, 2 Zwiebeln, 1 – 2 Eßl. gerebelter Majoran, Essig, Senf, Salz, Pfeffer aus der Handmühle.

Rinderpansen in große Stücke schneiden, gut waschen und 2 Std. wässern. Abermals waschen und mit reichlich Wasser etwa 10 Min. kochen lassen. Wasser abgießen. Dieses noch zweimal wiederholen.

Jetzt die Pansenstücke mit den Markknochen, dem Brühwürfel, etwas Salz, dem Lorbeerblatt, Gewürz- und Pfefferkörnern mit Wasser bedeckt 3 – 4 Std. kochen bis sie schön weich sind. Inzwischen Gemüse und Zwiebeln putzen, waschen, in kleine Würfel schneiden und in einen Topf geben. Die Brühe darüber passieren lassen.

Den Pansen in gleich große Würfel schneiden und mit dem Mark aus den Knochen dem Gemüse beigeben und weiter kochen lassen, bis es fast zu weich wird. Dadurch erhält dieses eintopfartige Gericht die sämige Konsistenz.

Mit Majoran, einem Schuß Essig, einem ordentlichen Klacks Senf, Salz und reichlich Pfeffer abschmecken.
Berliner Schusterjungen und eine Molle gehören in jedem Fall dazu!

Die berühmte Koch- oder Heukiste, die es erlaubte, energiesparend und bei Abwesenheit Eintöpfe, Sauerkraut und Hülsenfrüchte nicht nur warm zu halten, sondern ohne Feuer auch gar zu kochen.

Graupensuppe mit Backpflaumen

aus dem Berlin wie Zille es kannte – mit Speck oder Rauchfleisch und möglichst dick gehalten!

150 g Graupen, 100 g Butter, etwa 1 – 1 ½ Liter Salzwasser, 250 g eingeweichte Backpflaumen, etwas Zitronenschale, 1 Stückchen Zimt, Salz, 2 Eßl. Sirup, 250 g magerer Speck oder Rauchfleisch.

Die Graupen mit der Hälfte der Butter anschwitzen, Wasser angießen und möglichst dick gehalten unter öfterem Umrühren zugleich mit dem Speck etwa 45 Min. weich kochen. Zum Schluß den Speck herausnehmen und warm stellen.
Die Backpflaumen mit Zitronenschale und Zimt in wenig Einweichwasser etwa 15 Min. weich dünsten, dann in die Suppe geben und mit Salz und Sirup abschmecken. Die restliche Butter gebräunt darübergeben.
Speck oder Rauchfleisch wird in Scheiben geschnitten und getrennt zu der Suppe serviert.

Suppenausgabe für arme Kinder an einer Hotelküche. Nicht nur die großen Hotels, sondern auch einige große Volksküchen verteilten in Berlin Ende des vorigen Jahrhunderts warme Mahlzeiten an mittellose Kinder.

Pommerscher Tuckeraal

diese aus Pommern stammende Zubereitung einer Aalsuppe wurde von Berliner Köchen gern übernommen.

800 – 1000 g frische kleine Aale, je 1 kleines Bund Salbei, Petersilie und Dill, 1 Lorbeerblatt, 1 Brühwürfel, 1 Eßl. Essig, Pfeffer aus der Handmühle, 1 Möhre, 2 Petersilienwurzeln, 1 kleine Stange Lauch, 1 Zwiebel, 50 g Butter, 125 g frische grüne Erbsen, 600 g Kartoffeln, Salz.

Aale ausnehmen, gut waschen und in mundgerechte Stücke schneiden. In einem Topf knapp mit Wasser bedeckt mit Salbei, Petersilie und Dill, Lorbeer, Brühwürfel, Essig und reichlich Pfeffer zum Kochen bringen. 10 Min. sieden lassen. Das Gemüse sowie die Zwiebel geputzt, gewaschen und in Scheibchen geschnitten mit Butter anschwitzen. Die Erbsen dazugeben und die Aalbrühe durch ein Sieb dazugießen. Sodann die Kartoffeln geschält und in Scheiben geschnitten dazugeben und langsam garen lassen. Mit Salz und Pfeffer abschmecken.
In einer passenden Suppenterrine anrichten und die Aal-stückchen oben auflegen. Mit gehackter Petersilie und Dill bestreuen.

Kaulbarschsuppe

aus den kleinen, knapp 20 cm langen Fischen – früher aus den fließenden Gewässern um Berlin.

600 g kleine Kaulbarsche (10 – 20 Stück), 1 Bund Suppengrün, 1¼ Liter Brühe, 1 Lorbeerblatt, 1 Knoblauchzehe, 1 Zweig Thymian, 50 g Krebsbutter (im Handel erhältlich!), 2 Eßl. feine Rollgerste, 2 Sardellenfilets, Salz, Pfeffer aus der Handmühle, 1 kl. Bund Petersilie, 3 Tomaten, 16 Krebsschwänze.

Kaulbarsche ausnehmen (Rogen und Milch aufbewahren!), Rücken- und Bauchstachel entfernen und die Fische gut waschen.

Brühe mit der Hälfte des geputzten und gewaschenen Suppengrüns zum Kochen bringen. Kaulbarsche, Rogen und Milch, Lorbeerblatt, Knoblauchzehe und Thymian hinzufügen, 15 Min. kochen lassen und schließlich durch ein Sieb rühren.

Restliches Suppengrün in Würfel schneiden, in der Krebsbutter anschwitzen, die eingeweichte Gerste und die gehackten Sardellenfilets hineingeben, die Fischbrühe aufgießen und etwa 30 Min. gar kochen, dann mit Salz und Pfeffer abschmecken.

Petersilie fein hacken, die Tomaten brühen, abziehen und in Würfel schneiden und alles mit den Krebsschwänzen in die Suppe geben.

Havelländer Krebssuppe

Berlin und Umgebung gehörten früher zu den krebsreichsten Fanggebieten Norddeutschlands. Heute sind französische und türkische im Handel.

24 Krebse, 1 1/4 Liter Hühnerbrühe, 1 Teel. Kümmel, 1 Stengel Dill, 1 Scheibe altes Weißbrot, 1/2 kleines Suppengrün, 70 g Butter, 1 Teel. Tomatenmark, 1/2 Teel. Paprikapulver, 1 Eßl. Mehl, 2 hartgekochte Eigelb, 1/4 Liter Sahne, Salz, Pfeffer aus der Handmühle, Cognac.
Für die Krebsnasenfüllung: 40 g Butter, 1 Ei, 80 g Grieß, Salz und Muskat.

Die gesäuberten Krebse in der Hühnerbrühe mit dem Kümmel und gezupftem Dill etwa 5 Min. sprudelnd kochen.
Dann Scheren und Schwänze ausbrechen, die Därme herausziehen. Aus den Nasen den bitteren Inhalt entfernen und 12 Stück zum Füllen beiseite stellen.
Die verbliebenen Schalen im Mörser zerstoßen, wieder in den Sud geben und 20 Minuten köcheln lassen. Die Scheibe altes Weißbrot dazugeben.
4 Eßl. gewürfeltes Suppengrün in etwa 40 g Butter anschwitzen, Tomatenmark und Paprika zugeben, einen Moment weiterdünsten, Mehl anstäuben und die durch ein Sieb gestrichene

Krebsbrühe aufgießen. Gut durchrühren und etwa 15 Minuten kochen lassen.

Die hartgekochten Eigelbe durch ein Haarsieb drücken, mit Sahne vermengen und in die Suppe geben. Nicht mehr kochen lassen! Mit Salz und Pfeffer sowie einem Schuß Cognac abschmecken. Die restliche kalte Butter unterrühren. Dann in großen Suppentellern anrichten.

Als Einlage dienen die der Länge nach halbierten und gefüllten Krebsnasen sowie Scheren und Schwänze. Den geschnittenen Dill über die Suppe streuen.

Zusätzlich können auch Erbsen, Morcheln oder Spargelspitzen als Einlage verwendet werden.

Hier die Krebsnasenfüllung: Butter schaumig rühren, Ei und Grieß gut unterrühren, mit Salz und Muskat würzen und die Krebsnasen damit füllen. Etwa 15 Min. vorsichtig in Salzwasser sieden lassen.

Flußkrebs

Hechtklößchensuppe

vorzüglich – nach einem alten handgeschriebenen Rezept!

600 g Hecht (küchenfertig, ohne Gräten und Haut), Salz, Pfeffer aus der Handmühle, 1/4 Liter Sahne, 4 Eigelb, 1 Eiweiß, 1 Bund Suppengrün, 1 Lorbeerblatt, 1 Liter Brühe, 50 g Butter, 1 Eßl. gehackte Petersilie.

Für die Hechtklößchen das Hechtfleisch zweimal durch den Fleischwolf drehen, salzen und pfeffern, dann mit etwas Sahne und 2 Eigelb verrühren und 1 geschlagenes Eiweiß darunterheben.
Aus den Gräten, der Hälfte des geputzten Suppengrüns, dem Lorbeerblatt und der Brühe einen Fond kochen. Lorbeerblatt und Gräten herausnehmen und durch ein Sieb passieren. Restliches Suppengrün in kleine Würfel schneiden, mit Butter anschwitzen und mit dem Fond auffüllen. Etwa 20 Minuten kochen lassen.
Nun mit einem Teelöffel kleine Klößchen von der Fischmasse formen und 5 Min. in der Suppe garen lassen.
2 Eigelb mit der restlichen Sahne verquirlen, in die Suppe geben (nicht mehr kochen lassen!), mit Salz und Pfeffer abschmecken und mit Petersilie bestreut servieren.

Das berühmte Café Bauer Unter den Linden Ecke Friedrichstraße um 1900, das internationalen Ruf genoß und mehrere Monate im Jahr rund um die Uhr geöffnet hatte.

Kurländische Gänsesuppe

aus der feinen Berliner Küche für den besonderen Anlaß!

500 g Gänseklein, 1 geräucherte Gänsekeule (gut gewässert), 1 Bund Suppengrün, 1 Lorbeerblatt, 4 Gewürzkörner, 50 g Gänsefett, Salz, Pfeffer aus der Handmühle, 1/8 Liter saure Sahne, 125 g geriebenes Weißbrot, 1 Ei, je 1 kleines Bund Majoran und Schnittlauch.

Suppengrün putzen, waschen und die Hälfte mit dem Gänseklein, Gänsekeule und Gewürzen in 2 Liter Salzwasser zum Kochen bringen. Etwa 1 3/4 Std. köcheln lassen.
Die Brühe durch ein Sieb geben, das Fleisch von den Knochen lösen, in Würfel schneiden und warm stellen.
Das restliche, in Scheibchen geschnittene Suppengrün im Gänsefett andünsten, mit der Brühe auffüllen, 30 Min. köcheln lassen und mit Salz und Pfeffer abschmecken.
Sahne mit dem geriebenen Weißbrot, Ei und etwas Salz verrühren und zu kleinen Klößchen formen. Diese etwa 5 Min. in der Brühe mitkochen lassen. Dann das Gänsefleisch in die Suppe geben. Mit grob geschnittenem Majoran und Schnittlauch servieren.

Blick in das Innere des Café Bauer, welches sehr pompös ausgestattet und das erste öffentliche Lokal war, das eine elektrische Beleuchtung erhielt. Hier standen den Gästen mehr als 700 Zeitungen und Zeitschriften aus aller Welt zur Verfügung.

Schwarze Besingsuppe

Besinge sind Heidel-, Blau- oder Bickbeeren – hier eine Zubereitung, die heiß oder kalt gleichermaßen zu empfehlen ist.

1 kg Besinge, 1 Glas Weißwein, 1 Glas Johannisbeersaft, 1/2 Liter Wasser, Zucker, Zimt, 1/2 abgeriebene Zitronenschale (unbehandelt), 2 Eßl. Zitronensaft, 4 Scheiben Zwieback, 1 saurer Apfel, 40 g gestoßene Mandeln.

Besinge gut verlesen und waschen (4 Eßl. für die Einlage zurücklassen!). Mit Weißwein, Johannisbeersaft und Wasser 10 Min. kochen lassen und mit Zucker, Zimt, Zitronenschale und -saft abschmecken, dann durch ein Haarsieb streichen. Den Apfel schälen, vierteln, entkernen, in kleine Scheiben schneiden und mit den Mandeln in die Suppe geben, noch einige Minuten köcheln lassen.
Dann die Suppe mit Salz abschmecken und mit jeweils 1 Scheibe geröstetem Zwieback und 1 Eßl. Beeren als Einlage servieren.

Biersuppe

in bezug auf das königliche Kaffeeverbot heißt es in einem
Brief des Alten Fritz aus dem Jahre 1779 an den Magistrat von
Halberstadt: „... übrigens sind Seine Majestät höchstselbst
in der Jugend mit Biersuppe erzogen, mithin können die Leute
dorten ebensogut mit Biersuppe erzogen werden."

½ Liter braunes Bier (nicht zu bitter), ½ Liter Berliner Weiße,
¼ Liter Wasser, 2 – 3 Scheiben trockenes, sehr fein geriebenes
Schwarzbrot oder Zwieback, etwas Zitronenschale, 4 Eier,
1 Prise Zimt, Zucker, ½ Zitrone (dünn abschälen und in 4
Scheiben schneiden), 2 Scheiben Weißbrot, etwas Butter.

Bier, Weiße und Wasser in einen Topf geben und das geriebene
Schwarzbrot 10 Min. darin quellen lassen.
Zitronenschale, Eier, Zimt und Zucker dazugeben und bei
mittlerer Hitze mit dem Schneebesen solange schlagen, bis die
Suppe anfängt, etwas dicklich zu werden (nicht kochen lassen!).
Die Suppe mit den Zitronenscheiben in eine Schüssel geben.
Weißbrot in Würfel schneiden, Butter zerlassen, die Weißbrot-
würfel goldgelb rösten und über die Suppe geben.
Als Einlage eignen sich auch gequollene Korinthen oder man
serviert die Suppe jeweils mit einem Eßlöffel Schlagsahne,
bestreut mit braunem Zucker.

Bierkaltschale

eine köstliche Zubereitung mit Weißbier, Zimt, Zitrone und Korinthen – empfehlenswert für heiße Tage!

1 1/2 Liter Weißbier, 2 Scheiben sehr fein geriebenes Schwarzbrot, 100 g Zucker, etwas Zimt, 1/2 Zitrone, 100 g eingeweichte Korinthen oder Sultaninen, etwas Zitronensaft.

Das geriebene Schwarzbrot im Ofen anrösten, mit dem Zucker vermischen und in eine Schüssel geben.
Dann das Bier erhitzen, Zimt und die in 4 Scheiben geschnittene, entkernte halbe Zitrone sowie die Korinthen hinzugeben, kalt stellen.
Nach dem Abkühlen die Suppe mit Zucker und Zitronensaft abschmecken und in die Schüssel über die Brotbrösel geben.

Eisschrank etwa 1890

Kalte Gurkensuppe

daß man aus Salatgurken auch eine vorzügliche Suppe bereiten kann, zeigt dieses Rezept nach Spreewälder Art.

1 große Salatgurke, 1 Knoblauchzehe, 1 kl. Bund Radieschen, 2 Eßl. Schnittlauchröllchen, je 3 Eßl. gehackter Borretsch und Sauerampfer, $1/4$ Liter saure Sahne, $1/2$ Liter kalte entfettete Brühe, Essig, Salz, Pfeffer aus der Handmühle.

Salatgurke waschen, mit Schale fein raspeln oder durch den Wolf drehen (grobe Scheibe), salzen und mit der abgezogenen Knoblauchzehe eine Weile stehen lassen.
Radieschen waschen, in feine Streifen schneiden, dann die Knoblauchzehe aus den geraspelten Gurken nehmen und die Radieschen hineingeben.
Schnittlauch, Borretsch, Sauerampfer dazugeben und die saure Sahne sowie die Brühe unterziehen.
Die Gurkensuppe mit Essig, Salz und Pfeffer abschmecken, dann kalt stellen.

Von märkischen Garten- und Ackerfrüchten

Gefüllte Kartoffeln

die Kartoffel, die Mitte des 16. Jahrhunderts von Südamerika nach Europa kam, wurde im Umland von Berlin erst Mitte des 18. Jahrhunderts, von Friedrich dem Großen besonders gefördert, angebaut.

8 große Kartoffeln, 100 g Magerspeck, 100 g Butter, 1 Zwiebel, 100 g gekochter Schinken, 2 hartgekochte Eier, 2 Eßl. gehackte Petersilie, Muskat, Pfeffer aus der Handmühle.
Für die Salatsauce: 1 Kopf Salat, 1 kleine Möhre, 1 Stck. Sellerie, 2 Eßl. Essig, 2 Eßl. Öl, Salz, Pfeffer, 1 Eßl. Schnittlauchröllchen, 8 Radieschen.

Kartoffeln gründlich waschen, in Alufolie wickeln und bei 200 Grad 1 Std. im vorgeheizten Backofen garen. Dann pellen, der Länge nach „Deckel" abschneiden und die Unterteile mit dem Teelöffel aushöhlen.
Speck würfeln, in einer Pfanne auslassen und Butter dazugeben, Zwiebel abziehen, in Scheiben schneiden und in der Pfanne mit anbraten.
Den gekochten Schinken in Würfel schneiden und mit den grob gehackten Eiern, Petersilie und der ausgekratzten Kartoffelmasse in die Pfanne geben, mit Muskat und Pfeffer abschmecken. Dann die Kartoffelunterteile damit füllen und mit den Deckeln verschließen. In einer Auflaufform bei 200 Grad etwa 20 Min. in den vorgeheizten Backofen schieben.

Für die Salatsauce: Möhre und Selleriestück putzen, waschen und in kleine Würfel schneiden, dann in wenig Wasser gar kochen, abgießen (4 Eßl. Gemüsewasser zurücklassen!) und kalt abspülen.

Das gewonnene Gemüsewasser mit Essig, Öl, Salz und Pfeffer verrühren und den Schnittlauch, die gewaschenen und in Scheiben geschnittenen Radieschen sowie das gekochte Gemüse dazugeben.

Schließlich Kopfsalatblätter vom Strunk lösen, in reichlich Wasser gründlich waschen, gut abtropfen lassen und mit der Salatsauce zu den gefüllten Kartoffeln anrichten.

Zunächst wurde die Kartoffel als Zierpflanze verwendet. Wegen ihrer Ähnlichkeit mit den Trüffeln nannte man sie in Italien „Tarathopoli" bzw. „Taratouphli". Hieraus entstand das Wort Kartoffel.

Kartoffeln mit Kruste

in einer Auflaufform gebacken und mit rohem Schinken oder kaltem Kasseler serviert.

1 kg Kartoffeln, Salz, Kümmel, 4 Eier, 2 Schalotten, 1 Knoblauchzehe, 100 g Butter, Pfeffer aus der Handmühle, Muskat, 1/4 Liter Brühe, 40 g Zwieback, 40 g geriebenes Weißbrot, einige Butterflöckchen.

Die Kartoffeln mit Salz und etwas Kümmel gar kochen, pellen und in dicke Scheiben schneiden. Die Eier hart kochen, pellen und grob hacken.
Dann Schalotten und Knoblauchzehe abziehen, fein würfeln und in der zerlassenen Butter anschwitzen, schließlich mit den Kartoffelscheiben vermischen, mit Salz, Pfeffer und Muskat würzen. Das Ganze in eine gebutterte Auflaufform geben und mit der Brühe übergießen.
Nun die gehackten Eier mit geriebenem Zwieback und Weißbrot über die Kartoffeln streuen, Butterflöckchen daraufsetzen und schließlich im vorgeheizten Backofen bei etwa 200 Grad 30 bis 40 Minuten backen. Als Beilage eignet sich junges gemischtes Gemüse.

Knoblauch

Kartoffeln mit Birnen und Speck

wie man sie im Brandenburgischen kennt – statt Birnen nimmt man auch gern Dörrpflaumen.

300 g Speck (im Stück), 1 kg Kartoffeln, 1 kg Birnen, Nelken, etwas Zucker, 2 Eßl. Essig, 1 Stck. Zitronenschale, 60 g Speck-würfel, 175 g Butter, 2 Zwiebeln, frische Majoranblätter.

Das Stück Speck in wenig Wasser gar kochen. Kartoffeln schälen, waschen, in dicke Scheiben schneiden und in Salz-wasser gar kochen.

Die Birnen schälen, waschen, achteln, Kerngehäuse entfernen und in Wasser mit Nelken, Zucker, Essig und Zitronenschale weich kochen.

Speckwürfel rösten und mit den Kartoffelscheiben vermischen. Nun die Birnen aus dem Sud nehmen und in zerlassener Butter schwenken. Zwiebeln abziehen, in Scheiben schneiden, in etwas Butter schön braun braten.

Schließlich die Kartoffelscheiben und Speckwürfel neben den Birnen anrichten und die gebratenen Zwiebeln über die Kartoffeln geben. Einige gezupfte Majoranblätter darüber-streuen und mit dem in Scheiben geschnittenen Speck servieren.

Beamtenstippe

eine würzige Sauce zu Quetschkartoffeln und weichgekochten Eiern – am Ende des Monats nicht nur in Beamtenhaushalten gern gegessen!

150 g magerer Speck, 2 Zwiebeln, Butter, 1 Eßl. Mehl, 1/4 Liter Fleischbrühe, 1/8 Liter saure Sahne, Essig, Salz, Pfeffer aus der Handmühle, Muskatnuß, fein geschnittener Schnittlauch, 800 g Kartoffeln, 1/4 Liter Buttermilch, 8 Eier.

Magerspeck und 1 abgezogene Zwiebel in kleine Würfel schneiden, in etwas Butter anbraten und mit dem Mehl eine goldbraune Schwitze bereiten.
Mit Fleischbrühe und saurer Sahne angießen und 10 Minuten kochen lassen.
Mit einem Tropfen Essig, Salz, etwas Pfeffer und Muskatnuß abschmecken, mit Schnittlauch bestreuen.
Dazu gibt es weichgekochte, zerstampfte Salzkartoffeln, verfeinert mit heißer Buttermilch und einem Klacks frischer Butter, serviert mit einer in Scheiben geschnittenen, gerösteten Zwiebel und weichgekochten Eiern.
Weiche Eier, ob mit oder ohne Schale gekocht, schmecken vorzüglich auch mit Mostrich-, Kapern- oder Sardellensauce.

Kartoffelstampfer um 1900

Märkisches Kartoffelragout

schmeckt vorzüglich zu Bouletten oder Schweinekoteletts und frischem Salat.

1 kg Kartoffeln, 100 g magerer Speck, 50 g Butter, 1 Bund Suppengrün, 1 Knoblauchzehe, 1/4 Liter Fleischbrühe, 1/8 Liter Sahne, Salz, Pfeffer aus der Handmühle, 3 Eßl. gehackte Petersilie, 3 Eßl. gehacktes Liebstöckel.

Die Kartoffeln schälen, in Würfel schneiden und in Salzwasser fast gar kochen, Wasser abgießen. Den Speck in Würfel schneiden und in Butter anbraten.

Das Suppengrün putzen und waschen, die Knoblauchzehe abziehen und beides in kleine Würfel schneiden.

Dann zu dem angebratenen Speck geben, etwas anschwitzen lassen, die Fleischbrühe zugießen und das Gemüse weich kochen – die Flüssigkeit sollte fast verdampft sein!

Schließlich die Sahne angießen, Kartoffelwürfel dazugeben und langsam garziehen lassen.

Das Kartoffelragout mit Salz und Pfeffer abschmecken und mit den Kräutern bestreut servieren.

Hoppel-Poppel

ein typisch berlinisches Gericht aus Bratkartoffeln, Schnitzelfleisch, Speck und Eiern – in zwei Pfannen zubereitet.

800 g Kartoffeln (gekocht, gepellt und in Scheiben geschnitten), 125 g Butter, Salz, 100 g Magerspeck, 350 g Schnitzelfleisch vom Kalb, 2 Zwiebeln, 1/2 Teel. Kümmel, 1/2 Teel. Majoran, Pfeffer aus der Handmühle, mindestens 8 Eier, 1 Bund Schnittlauch, 1 saure Gurke.

In einer großen Pfanne mit der Butter schön goldbraune Bratkartoffeln herstellen, ein wenig salzen.
In einer zweiten Pfanne Speck, Fleisch und abgezogene, in Streifen geschnittene Zwiebeln mit wenig Butter gut anbraten, mit Kümmel, Majoran und Pfeffer würzen.
Dann das Fleisch und die Bratkartoffeln, auf beide Pfannen verteilt, miteinander vermengen. Noch ein wenig nachbraten und die aufgeschlagenen Eier je zur Hälfte darübergießen.
Rühren und gut durchschwenken, wie ein Bauernomelette formen und auf eine vorgewärmte Platte stürzen. Schnittlauch darüberstreuen und Gurkenscheiben anlegen.
Eine Bratensauce und eine Schüssel gemischter Salat sollte dazu nicht fehlen.

Kartoffel-Eierfrikassee

ein köstlicher Auflauf, bei dem Krebsschwänze nicht fehlen dürfen – dazu gehört ebenso ein frischer Salat oder ein Frühlingsgemüse aus Morcheln, Möhren und Spargel.

4 Kartoffeln, 8 hartgekochte Eier, 24 Krebsschwänze, 2 Schalotten, Butter, 30 g Mehl, 1 Knoblauchzehe, ¼ Liter Hühnerbrühe, ¼ Liter Sahne, Muskat, 2 Eigelb, geriebener Käse, geriebenes Weißbrot.

Die Kartoffeln in Alufolie etwa 1 Std. bei 175 Grad im Ofen backen, auswickeln, pellen, der Länge nach halbieren und in einer ausgebutterten Auflaufform nebeneinander plazieren.
Die hartgekochten Eier pellen, halbieren und mit den Krebsschwänzen über die Kartoffeln verteilen.
Die abgezogenen und gewürfelten Schalotten mit Butter andünsten, Mehl und gehackten Knoblauch dazugeben und mit Hühnerbrühe, Sahne und Muskat eine Sauce bereiten.
Diese dann mit 2 Eigelb legieren, über die Eier und Kartoffeln geben, geriebenen Käse und geriebenes Weißbrot darüberstreuen, reichlich Butterflöckchen daraufsetzen und etwa 25 Min. bei 200 Grad im Ofen backen.

Kartoffelsortiermaschine aus dem Jahre 1904

Bouillonkartoffeln

meist aus einer Rindfleischbrühe – wird als Beilage zu verschiedenen Fleischgerichten, im besonderen zu Ochsenbrust mit Meerrettichsauce, serviert.

1 kg Kartoffeln, $^1/_2$ Bund Suppengrün, etwas Butter, $^1/_2$ Liter Fleischbrühe, $^1/_2$ Teel. Kümmel, $^1/_2$ Teel. Majoran, 1 Knoblauchzehe, Pfeffer aus der Handmühle, Salz, Muskat, Schnittlauch.

Kartoffeln schälen, waschen und in Würfel schneiden, 5 Min. kochen lassen, dann das Wasser abgießen.
Suppengrün putzen, waschen, würfeln und in zerlassener Butter andünsten.
Dann die Fleischbrühe, Kümmel, Majoran, die abgezogene und gewürfelte Knoblauchzehe sowie die Kartoffeln hinzufügen und 10 – 15 Minuten gar kochen.
Schließlich mit Pfeffer, Salz und etwas Muskat abschmecken und Schnittlauch darüberstreuen.

Geschäftiges Treiben in der Zentralmarkthalle. Durch ihren Bahnanschluß war eine direkte Verbindung zu den Seehäfen und anderen Großstädten gewährleistet, die weder die Markthallen von Paris noch von London aufweisen konnten.

S. SCHULZE   M. ULISRI   C. AMMON   A. WICHN   R. LüⱯ

Leipziger Allerlei mit Krebsen

soll eine Hinterlassenschaft der Hugenotten sein – schmeckt am vorzüglichsten im Frühsommer, wenn das Gemüse noch recht jung ist.

2 Kohlrabi, 1 kl. Blumenkohl, 800 g Spargel, 250 g junge Möhrchen, 250 g junge Erbsenschoten, Salz, 1/2 Tasse Milch, 1/2 Liter Hühnerbrühe, 250 g Morcheln, 2 Schalotten, 100 g Butter, 24 Krebse, 1/2 Teel. Kümmel, 40 g Krebsbutter (im Handel erhältlich!), 30 g Mehl, 1/4 Liter Sahne, 2 Eier, 1 Eiweiß, 100 g geriebenes Weißbrot, Muskat, Petersilie.

Das Gemüse gut putzen und waschen, den Kohlrabi halbieren und in Scheiben schneiden, Blumenkohl in Röschen zerteilen, den Spargel schälen und dritteln, die Möhren, falls sie sehr klein sind, ganz lassen.
Den Spargel und die Erbsenschoten in Salzwasser kochen, den Blumenkohl in Milchwasser und die Möhren sowie den Kohlrabi in Hühnerbrühe (Brühe aufbewahren für die Sauce!).
Die Morcheln vierteln, gut waschen und einmal überbrühen.
Schalotten abziehen und in feine Würfel schneiden, in etwa

Das Innere der Zentralmarkthalle am Bahnhof Alexanderplatz. Ende des vergangenen Jahrhunderts entstanden anstelle der offenen Märkte die ersten 15 Markthallen in den verschiedenen Stadtteilen Berlins.

40 g Butter glasig andünsten und dann die Morcheln darin gar dünsten. Die fertigen Gemüse warm halten.

Die gesäuberten Krebse in sprudelndem Salzwasser mit Kümmel etwa 5 Min. kochen, abkühlen, ausbrechen und die Därme herausziehen. 12 Nasen innen säubern und zum Füllen beiseite stellen.

Von der Krebsbutter und dem Mehl eine Schwitze für die Sauce herstellen und mit Hühnerbrühe und Sahne (soviel wie Sie Sauce benötigen), angießen und über das Gemüse geben.

Etwa 60 g schaumig gerührte Butter, 2 Eigelb, 1 geschlagenes Eiweiß, das geriebene Weißbrot, Salz und etwas Muskat zu einem nicht zu festen Teig verarbeiten und die 12 Krebsnasen damit füllen. Vom Rest Klößchen formen und beides in Hühnerbrühe langsam garen lassen.

Das Gemüse in einer tiefen Schüssel anrichten. Die Morcheln obenauf in die Mitte geben und rundherum garnieren mit den gefüllten Krebsnasen, den Krebsschwänzen, -scheren und den Klößchen. Mit gehackter Petersilie bestreuen.

Zum Leipziger Allerlei passen sehr gut gebratene Hühner, kleine Koteletts, Kalbsfilet oder auch Ochsenzunge.

Aus dem Stralauer Fischfang

Krebse Berliner Art

der Verzehr von Krebsen war im Berlin vor der Jahrhundertwende durchaus nicht ungewöhnlich, man bekam sie überall
auf den Märkten und sie wurden auch auf den Speisekarten
vieler Restaurants angeboten.

10 – 20 Krebse (pro Person), Salzwasser, knapp 1 Eßl. Kümmel,
1 Stengel Dill, 80 g Butter, 1 Knoblauchzehe, 1 Eßl. Zwiebel-
streifen, 250 g Suppengrünstreifen, 1/4 Liter Sahne, geschnittene
Dillspitzen, Tomatenwürfel von 4 enthäuteten Tomaten, Salz,
Pfeffer aus der Handmühle, 2 Eigelb.

Salzwasser in einem großen Topf zum Kochen bringen, Kümmel, Dillstengel und die gesäuberten lebenden Krebse hineingeben und etwa 4 Minuten sprudelnd kochen lassen. Man kann
Krebse auch mit weniger Salz kochen und dafür einen Brühwürfel in das Wasser geben!
Die Krebse aus der Brühe nehmen, kurz kalt abspülen und die
Scheren und Schwänze ausbrechen. Die Därme herausziehen
und den bitteren Naseninhalt ausputzen. Dann die angefallenen
Schalen in einem Mörser zerstoßen, in der Hälfte der Butter
anschwitzen, Knoblauch und etwa 1/2 Liter Krebsbrühe dazugeben, dann 20 Minuten kochen lassen.
Zwiebel- und Suppengrünstreifen im Rest der Butter ein wenig
andünsten, dann die Krebsbrühe durch ein feines Sieb über das
Gemüse gießen, die Hälfte der Sahne hinzufügen und köcheln

lassen, bis das Gemüse weich geworden ist. Nun die Dillspitzen, Tomatenwürfel, Krebsscheren und -schwänze dazugeben. Das eintopfartige Gericht mit Salz und Pfeffer würzen und mit dem Rest der Sahne und dem Eigelb legieren. (Nicht mehr kochen lassen!)
Berliner Krebse sollten recht suppig sein und in einer Terrine zu Tisch gebracht werden. Dazu gibt es frisches, warmes Baguette.

Köllnischer Fischmarkt mit Rathaus und Petrikirche im Jahre 1785.

Krebse in Bier

die originelle Art: Gekocht in einem Sud aus Bier und viel Kräutern, jedoch kalt serviert zu frischem Brot und Schnittkäse!

30 – 50 Krebse (für 4 Personen), 1 Fl. Weißbier, 1 Fl. helles Bier, ebensoviel Wasser, 1 Bund ausgewachsenen Dill, 1/2 Zweig Thymian, 1 Zweig Estragon, 6 Nadeln Rosmarin, 1/2 kleines Suppengrün, 1 Eßl. Kümmel, 1 Lorbeerblatt, Pfeffer aus der Handmühle, Salz, 1 Brühwürfel, 1 Knoblauchzehe, 1 Teel. Zucker.

Die Krebse am besten schon einen halben Tag vorher kochen!
Dazu Bier und Wasser in einen großen Topf geben und mit allen Gewürzen, Kräutern und dem Suppengrün einen Sud herstellen. Reichlich Salz nehmen, Krebse brauchen viel davon!
Einmal gut durchkochen, dann die gut gesäuberten lebenden Krebse hineingeben und 5 Min. sprudelnd kochen. Topf vom Herd nehmen und die Krebse im Sud auskühlen lassen.
Dann, so wie sie sind, trocken auf einer großen Platte anrichten, mit etwas Dill garnieren und verschiedene Brotsorten und Butter dazu servieren.
Zum Brechen der Krebse empfiehlt sich ein spezielles Krebsmesser. Die Krebse werden zerteilt und ausgelutscht bzw. das Fleisch herausgelöst und so gegessen.
Ein herzhafter Schnittkäse paßt sehr gut dazu. Getrunken wird natürlich Bier.

Die Krebse werden, wie oben gezeigt, in Teile zerlegt,
die Spitzen der Scheren gekappt und mit dem Messer seitlich geöffnet,
um das Fleisch herauslösen bzw. auslutschen zu können. Den
Schwanzpanzer ebenso mit dem Messer seitlich aufschneiden, aufbiegen
und das Fleisch herausnehmen. Dann den Darm herausziehen.

Aal grün

oder gekochter Aal in einer würzigen Kräutersoße – bekannt auch als „Aal jrün"!

Etwa 1 ¼ kg Flußaal (küchenfertig und enthäutet), 1 Petersilienwurzel, 1 Möhre, 1 Zwiebel, ½ Liter Wasser, Salz, 2 Eßl. Essig (beste Qualität), ½ Brühwürfel, 1 Lorbeerblatt, je 1 Zweig Salbei und Estragon, je 1 Bund Petersilie und Dill, 40 g Butter, 30 g Mehl, ¼ Liter süße Sahne, Pfeffer aus der Handmühle, Zitronensaft.

Das Gemüse putzen und waschen, die Zwiebel abziehen. Wasser mit Salz und Essig, dem Brühwürfel, Gemüse und Lorbeer sowie den Kräutern (die Hälfte Petersilie und Dill zurücklassen!) zum Kochen bringen.
Den Aal waschen, in 5 cm lange Stücke schneiden, in den Sud geben und etwa 15 Minuten gar kochen. Dann die Aalstücke warm stellen.
Die Aalbrühe durch ein Sieb gießen und ¼ Liter davon abmessen. Butter zerlassen, das Mehl unterrühren und hellgelb werden lassen. Dann die Aalbrühe und Sahne hinzugießen, mit einem Schneebesen glattrühren und einige Minuten kochen lassen. Schließlich mit Salz, Pfeffer und Zitronensaft abschmecken, gehackte Petersilie und feingeschnittenen Dill hinzufügen und die Sauce über die Aalstücke geben.
Dazu gibt es Gurkensalat.

Estragon

Kümmel

Lorbeer

Petersilie

Thymian

Salbei

57

Aal in Weißbier

eine andere Berliner Art: Gekocht in einem Sud aus Weißbier, Suppengrün und geriebenem Schwarzbrot.

Etwa 1 1/2 kg Flußaal (küchenfertig und enthäutet), 1 Bund Suppengrün, 40 g Butter, 1 kleine Fl. Weißbier, 1 Lorbeerblatt, 3 Eßl. fein geriebenes Schwarzbrot, 1/8 Liter süße Sahne, Salz, Pfeffer aus der Handmühle, etwas Zitronensaft, einige Salbeiblättchen, Dill.

Den Aal waschen und in ca. 5 cm lange Stücke schneiden. Suppengrün putzen, waschen, würfeln und mit etwas Butter in einem Schmortopf anschwitzen, dann die Aalstückchen dazugeben und mit Weißbier gerade bedecken.
Lorbeerblatt und geriebenes Schwarzbrot dazugeben und etwa 15 Min. köcheln lassen.
Den gegarten Aal herausnehmen und warm stellen. Das Lorbeerblatt aus der Sauce nehmen und zur gewünschten Menge einkochen lassen. Sahne dazugeben und 1 Eßl. kalte Butter darunterrühren.
Mit Salz, reichlich Pfeffer und Zitronensaft abschmecken.
Dann die Sauce mit dem Gemüse über die Aalstückchen geben und in Butter angebratene Salbeiblättchen und Dill darüberstreuen.

Das „Magistrats-Kaffeehaus" in Treptow und spätere Gartenlokal „Zenner", erbaut 1822, unter anderem Ziel des berühmten „Stralauer Fischzuges", einem Volksfest das seit 1571 jeweils am Bartholomäustag, dem 24. August, anläßlich des Endes der Fischschonzeit gefeiert wurde.

Altberliner Schusterpastete

der einfache Fischauflauf aus Kartoffeln, Suppenfleisch, Speck und Heringsfilets.

800 g Kartoffeln, 400 g weichgekochtes Suppenfleisch, 1 große Zwiebel, 100 g magerer Speck, 2 Herings- oder Matjesfilets, 1 Bund Petersilie, 1/4 Liter Milch, 3 Eier, Pfeffer aus der Handmühle, 3 Eßl. geriebener Schweizer Käse, 3 Eßl. geriebenes Weißbrot, 100 g Butter.

Die gekochten und gepellten Kartoffeln sowie das Suppenfleisch in Scheiben schneiden.
Speck und abgezogene Zwiebel in Streifen schneiden und in etwas Butter anschwitzen.
Diese abwechselnd mit den Kartoffeln, dem Suppenfleisch, den in Stückchen geschnittenen Heringsfilets und der gehackten Petersilie in eine ausgebutterte Auflaufform geben.
Die Milch mit dem Ei verrühren, mit Pfeffer würzen und über die Kartoffeln gießen.
Mit Käse und geriebenem Weißbrot bestreuen, Butterflöckchen draufsetzen und etwa 40 Minuten bei 200 Grad im vorgeheizten Ofen backen. Die letzten 5 Minuten auf Oberhitze stellen.

Die Schuhmacher-Werkstätten in der Parochialstraße
zwischen Jüden- und Spandauer Straße um die Jahrhundertwende.

Schleie Spreewälder Art

wie die Schleie so gehören auch Plötze, Bleie, Elritze, Fluß-
barbe und die Karausche zu den Karpfenfischen und können
ebenso zubereitet werden.

4 Schleien (je 350 g), Salz, 1/2 Zitrone, 1 Möhre, 1/2 kl. Sellerieknolle, 1 Stange Lauch, 100 g Butter, 125 g Champignons,
0,7 Liter Weißbier, 1/4 Liter Weißwein, 20 g Mehl, 1/4 Liter
Sahne, 2 Eigelb, etwas weißer Pfeffer, Petersilie, Dill.

Die ausgenommenen Fische gut abspülen, salzen, mit etwas
Zitrone beträufeln und kalt stellen.
In einem Bräter (passend für 4 Fische) das gut gesäuberte und
in Streifen geschnittene Gemüse in reichlich Butter anschwitzen.
Dann die Fische mit dem Bauch nach unten auf das Gemüse
legen. In Scheiben geschnittene Champignons darübergeben,
mit Weißbier oder Weißwein angießen, dann mit Butterpapier
abdecken und für etwa 45 Min. in den vorgeheizten Backofen
bei 200 Grad schieben. Die Hitze des Ofens zwischenzeitlich
etwas drosseln.
Die Fische sind gar, wenn sich die Schwimmflossen leicht
herausziehen lassen. Dann auf eine vorgewärmte Platte setzen, Haut abziehen, Flossen entfernen und die Fische warm
stellen.

Inzwischen vom Rest der Butter und dem Mehl in einer Pfanne eine Schwitze bereiten, vom Herd nehmen, die Hälfte der Sahne angießen und glattrühren.

Die Mehlschwitze mit der im Bräter verbliebenen Sauce verrühren und etwa 10 Min. köcheln lassen. Sollte die Sauce nicht reichen, noch etwas Weißwein angießen, dann mit dem Rest Sahne und 2 Eigelb legieren. Mit Salz, weißem Pfeffer und Zitrone abschmecken.

Die Sauce mit dem Gemüse über die warmgestellten Fische geben und mit gehackter Petersilie und Dill bestreuen.

Als Beilagen sind schön mehlige Kartoffeln mit einem frischen grünen Salat zu empfehlen!

Schleie

Flußbarsch in Petersiliensauce

noch um die Jahrhundertwende in märkischen Gewässern leicht zu angeln – im Volksmund auch Bars genannt.

1 ½ kg Barsch (küchenfertig), Salzwasser, Essig, 1 abgezogene Zwiebel, 1 Petersilienstengel, 1 Lorbeerblatt, je 4 Nelken und Gewürzkörner (Piment).
Für die Sauce: 4 Petersilienwurzeln, 1 Schalotte, 100 g Butter, 1 Flasche Weißbier, etwa 2 Eßl. geriebenes Weißbrot, 2 Eigelb, ⅛ Liter Sahne, Salz, Pfeffer aus der Handmühle, gehackte Petersilie.

Den gewaschenen Fisch in reichlich Salzwasser mit einem Schuß Essig, der Zwiebel, dem Petersilienstengel, Lorbeerblatt, Nelken und Gewürzkörnern etwa 10 Min. schwach kochen. Die Petersilienwurzeln putzen, waschen und in gefällige Stückchen schneiden. Die Schalotte würfeln, mit wenig Butter anschwitzen, dann die Petersilienwurzeln dazugeben, mit Weißbier angießen und weich kochen.
Mit dem geriebenen Weißbrot die Sauce sämig machen, mit Eigelb und Sahne legieren, dann mit Salz und Pfeffer abschmecken. Eventuell noch etwas Fischwasser nachgießen! Den Rest kalte Butter unterschwenken und reichlich gehackte Petersilie beigeben. Den Fisch und die Sauce getrennt servieren.

Barsch wird auch gerne mit der sprichwörtlichen Senfsauce oder Senfbutter gegessen: Dabei wird er zunächst trocken angerichtet, mit hartgekochten, gehackten Eiern und Petersilie bestreut, dann reichlich Butter in einem Tiegel zerlassen, bis sie leicht bräunliche Färbung bekommt, 2 – 3 Eßl. Mostrich untergerührt und der Fisch damit reichlich begossen.

Praktische Fischkasserolle mit Heber.

Grashecht gebraten

Der Hecht, „Haifisch" des Süßwassers, der nicht nur seine Art-
genossen frißt, sondern auch seine eigene Brut, schmeckt von
September bis Ende Januar am besten. Die ein- und zweijäh-
rigen noch olivgrün aussehenden Jungtiere heißen Grashechte
und sind besonders zart und schmackhaft.

4 Hechte (etwa 1 1/2 kg, küchenfertig, mit Kopf), 200 g fetter
Speck in Streifen, Salz, weißer Pfeffer, Zitronensaft, geriebenes
Weißbrot, 2 geschälte Zitronen in dünnen Scheiben, 4 abge-
spülte Sardellenfilets, 1 Bund Petersilie.

Die Hechte waschen und vorsichtig mit einem kleinen spitzen
Messer mehrmals quer einschneiden. Feine Speckstreifen mit
der Spicknadel von Einschnitt zu Einschnitt unter der Haut
durchziehen. Dann salzen, pfeffern und mit Zitronensaft beträufeln.
In einer großen Pfanne Butter auslassen und die gespickten
Hechte darin unter fleißigem Begießen und mehrmaligem
Wenden bei mäßiger Hitze etwa 20 bis 25 Minuten braten
lassen.
Nach der Hälfte der Bratzeit die Hechte herausnehmen, in
reichlich geriebenem Weißbrot wälzen und weiter schön goldgelb braten.
Eventuell etwas frische Butter hinzugeben und immer wieder
begießen.

Die Fische auf einer passenden Platte anrichten, sodann mit den geschälten Zitronenscheiben belegen, gehackte Sardellenfilets sowie gehackte Petersilie darübergeben und mit reichlich brauner Butter begießen.
Dazu gibt es warmen Kartoffelsalat mit kross gebratenen Speckwürfeln und reichlich Radieschenscheiben.

Um ein Austrocknen des Fleisches beim Braten zu verhindern, werden große Fische, besonders Hecht und Zander, mit kleinen, fetten Speckstreifen gespickt. Wie oben dargestellt, wird die Oberfläche des Fisches in kleinen Abständen eingeschnitten und mit einer speziellen Spicknadel kleine Speckstreifen eingezogen.

Berliner Speckhecht

ein interessantes Fischrezept: Als Auflauf mit Sauerkraut, Äpfeln und Austern.

800 g Hechtfilet (ohne Haut), 200 g magerer Speck, 1/2 Zitrone, Salz, Pfeffer aus der Handmühle, etwas Mehl, 125 g Butter, 1 Zwiebel, 4 Salbeiblättchen, 2 Äpfel, 1/4 Liter Kalbsrahmsauce, 1 kg Sauerkraut (gekocht), 12 Austern, 1/8 Liter saure Sahne, 2 Eier, 1 Bund Petersilie, geriebenes Weißbrot.

Hechtfilets in 4 oder 8 Stücke schneiden und mit dünnen Speckstreifen spicken. Mit Zitrone beträufeln, salzen und pfeffern, dann in Mehl wenden und in der heißen Butterpfanne schön goldgelb braten.

Den übrigen Speck und die Zwiebel in feine Würfel schneiden, mit etwas Butter in einem Tiegel anbraten und die Salbeiblättchen zugeben.

Die geschälten Äpfel entkernen, in Scheiben schneiden, zu den Speckzwiebeln geben, dann mit der Kalbsrahmsauce aufgießen und etwas köcheln lassen.

Eine Auflaufform ausbuttern und die Hälfte Sauerkraut hineingeben. Die gebratenen Hechtfilets darauflegen und die Sauce darübergießen. Dann die zweite Hälfte Sauerkraut über den Hecht verteilen.

Die gewaschenen Austern fein säuberlich öffnen, eventuelle Splitter entfernen und die gelösten Austern auf das Sauerkraut

verteilen, etwas eindrücken und die saure Sahne mit den ver-
rührten Eiern darübergießen.
Gehackte Petersilie und geriebenes Weißbrot mit etwas Pfeffer
darüberstreuen, reichlich Butterflöckchen aufsetzen und im
vorgeheizten Ofen 30 – 40 Minuten bei etwa 200 Grad backen.

Gasbrat- und -backofen von 1896.

Mecklenburger Pflückhecht

dieser wird wegen des Geschmacks und weil es leichter geht erst nach dem Garen von seinen Gräten und der Haut getrennt bzw. „zerpflückt".

1 kg Hecht (küchenfertig, ohne Kopf), 1 Flasche Weißbier, 1/4 Liter Wasser, 1 Lorbeerblatt, 4 Gewürzkörner, Essig, 1 kleines Suppengrün, Salz, 16 Krebse, 1 Hechtleber, geriebenes Weißbrot, 1 Ei, Muskat, 125 g Morcheln, 60 g magerer Speck, 1 Schalotte, 60 g Butter, 1 Eßl. Mehl, 1/4 Liter Sahne, 1 Hering, Pfeffer aus der Handmühle, 1 kleines Bund Petersilie.

Bier und Wasser in einem Topf zum Kochen bringen, Lorbeerblatt, Gewürzkörner, einen Spritzer Essig und die Hälfte des Suppengrüns mit etwas Salz dazugeben. Die gesäuberten Krebse knapp 5 Min. darin kochen, dann herausnehmen, abkühlen lassen und ausbrechen.
Den gewaschenen Hecht in 4 oder 6 Stücken in den kochenden Sud geben und etwa 15 Min. garziehen lassen.
Die Hechtleber und das Fleisch der Krebsscheren fein hacken und mit dem Reibemehl, Ei und etwas Muskat zu einer Farce verarbeiten, kleine Klößchen daraus formen und 3 – 4 Min. mit dem Hecht garziehen lassen.

Morcheln verlesen, 1–2mal durchschneiden und gründlich waschen. Den Rest Suppengrün gut säubern und in kleine Würfel schneiden.·

Speck und Schalotte ebenso würfeln und mit wenig Butter anschwitzen, das Gemüse und die Morcheln zugeben, noch etwas dünsten lassen, dann einen Eßl. Mehl dazugeben und schließlich mit dem Fischsud und der Sahne aufgießen, soviel an Sauce benötigt wird. Glattrühren und köcheln lassen, bis das Gemüse weich ist. Ist die Sauce nicht sämig genug, etwas Reibemehl hineinstreuen.

Den Hecht aus dem Sud nehmen, Haut und Gräten lösen und den Fisch sauber in gefällige Stücke „zerpflücken".

Dann den gut gewässerten und geschnittenen Hering mit den Klößchen und den Krebsschwänzen in die Sauce geben.

Den Rest kalte Butter unterschwenken und mit Pfeffer, Salz und Muskat abschmecken. Zum Schluß gehackte Petersilie und den Hecht vorsichtig in die Sauce geben und nochmals erhitzen.

Dazu gibt es weiße Rübchen und neue kleine Pellkartoffeln mit Kümmel gekocht.

Hecht

Mecklenburger Kneffs in zartem Grün

aus Hecht- und Zanderfilet gebackene Klößchen in würziger Kräutersauce.

350 g Hechtfilet, 150 g Zanderfilet, Salz, Pfeffer aus der Hand-mühle, Muskat, 2 Eier, 1/4 Liter Sahne, 4 Eßlöffel geriebenes Weißbrot, 40 g Butter.
Für die Sauce: 2 Schalotten, 40 g Butter, 1/4 Liter Brühe, jeweils 2 Eßl. fein gehackter Spinat, Sauerampfer, Petersilie, Bärlauch und Dill, 2 Blätter Salbei, 1/4 Liter saure Sahne, Salz, Pfeffer.

Die Hecht- und Zanderfilets durch den Wolf (feinste Scheibe) drehen und kalt stellen.
Mit Salz, Pfeffer und Muskat würzen, 2 Eßl. geriebenes Weiß-brot dazugeben und nach und nach die Eier und Sahne unter-rühren. Die Masse eventuell nochmals durch ein Haarsieb streichen und kalt stellen.
Ein Backblech gut mit Butter ausstreichen, die Kneffs in der nassen Hand mit einem Eßlöffel eiförmig abstechen und auf das gebutterte Blech setzen. Im vorgeheizten Backofen bei 200 Grad etwa 25 Min. garen.
Für die Sauce die abgezogenen und gewürfelten Schalotten in Butter anschwitzen, den Rest geriebenes Weißbrot dazugeben, Brühe angießen, gut durchrühren und köcheln lassen.

Sämtliche feingehackten Kräuter hinzugeben, etwas köcheln lassen und die saure Sahne unterrühren. Mit Salz und Pfeffer abschmecken.
Als Beilage sind ganz junge Möhren mit Salzkartoffeln zu empfehlen.

Pfeffer aus der Handmühle.

Zander auf Stettiner Art

eine interessante Zubereitung mit Weißwein – sollte jedoch gerade keiner zur Verfügung stehen, so können Sie auch einfach Weißbier nehmen.

2 kg Zander (küchenfertig), Zitronensaft, Salz, 1 kleines Bund Suppengrün, 100 g Butter, 15 weiße Pfefferkörner, 3 Gewürznelken, 1 Lorbeerblatt, 1 Messerspitze Muskatblüte, 1 Tasse Wasser, 1/2 Liter Weißwein, 1 Zwiebel, 30 g Mehl, Senf, 1/4 Liter Sahne, 2 Eigelb, gehackte Petersilie.

Zander abspülen und trockentupfen, mit Zitronensaft beträufeln und eine Weile ziehen lassen, dann salzen.
Das Suppengrün putzen, waschen und in Scheiben schneiden. Einen Bräter mit Butter ausstreichen, das Suppengrün darin verteilen und den Fisch mit der Bauchseite nach unten darauflegen. Die Gewürze darübergeben und ein wenig Wasser und Weißwein hinzugießen. Schließlich den Fisch mit gebuttertem Papier abdecken, in den vorgeheizten Backofen schieben und bei 200 Grad etwa 1 Std. garen lassen. Ab und zu mit der Sauce begießen.
Die abgezogene und gewürfelte Zwiebel in etwas Butter andünsten, Mehl hinzufügen und kurz anschwitzen. Den restlichen Wein hinzugießen und unter Rühren etwas kochen lassen.

Den fertig gegarten Fisch mit dem Gemüse warm stellen und den verbliebenen Sud durch ein Sieb zu der Sauce geben, Gewürze herausnehmen.

Die Sauce mit Salz, Senf und Zitronensaft abschmecken und mit dem mit Sahne verschlagenen Eigelb legieren, erhitzen, aber nicht mehr kochen lassen! Zum Schluß die restliche kalte Butter unterrühren.

Das Gemüse mit dem Fisch anrichten und mit Petersilie bestreuen. Die Sauce sowie Salzkartoffeln und Blattsalat dazu reichen.

Zander

Preußischer Butterfisch

Filets von verschiedenen Süßwasserfischen – in würziger Sauce mit frischen Kartoffeln.

800 g Fischfilet (vom Hecht, Zander, Barsch, Forelle, Karausche, oder auch 2 – 3 Sorten gemischt), Salz, Zitronensaft, 1 Flasche Weißbier, 1 Tasse Wasser, 1/2 Lorbeerblatt, 1 Bund Petersilie, 1 Stück Weißes vom Lauch, 1/2 Sellerieknolle, 2 Schalotten, 180 g Butter, 2 Eßl. geriebenes Weißbrot, 1/8 Liter saure Sahne, 1 Röhrchen Kapern, weißer Pfeffer.

Die Filetstücke abspülen, trockentupfen, leicht salzen und mit Zitronensaft beträufeln.
Weißbier, Wasser, Lorbeerblatt, einen Petersilienstengel sowie etwas vom Lauch und der Sellerieknolle in einen Topf geben und alles zusammen 5 Minuten kochen.
Dann das Filet in den Sud geben und etwa 10 Minuten garziehen lassen.
Den verbliebenen größeren Teil vom Lauch und der Sellerieknolle sowie die abgezogenen Schalotten fein würfeln und jeweils 2 Eßl. davon in etwas Butter anschwitzen.
Das geriebene Weißbrot hinzufügen und von dem Fischfond soviel dazugießen, wie für die Sauce benötigt wird. Köcheln lassen, bis das Gemüse schön weich ist.

Die saure Sahne und die Kapern (mit Flüssigkeit) zugeben und die Sauce mit Salz, Pfeffer und Zitronensaft würzen.
Die restliche kalte Butter unterschwenken und gehackte Petersilie darüberstreuen. Die Sauce nicht mehr kochen lassen.

Das Wirtshaus Schildhorn an der Havel 1903 – auch heute noch ein beliebtes Ausflugslokal.

Karpfen polnisch

eine Zubereitung mit der berühmten polnischen Sauce aus Rotwein und Braunbier mit Zwieback, Korinthen, Mandeln und vielen exotischen Gewürzen!

2 Karpfen zu je 1 kg (küchenfertig und der Länge nach halbiert), Salz, Pfeffer aus der Handmühle, Essig, Mehl, 150 g Butter, Öl, 1 Flasche Braunbier, je 1 Zweig Estragon, Thymian und Pfefferkraut, 1 Lorbeerblatt, 1 kleines Suppengrün, 2 Schalotten, 2 – 3 Scheiben Zwieback oder Pfefferkuchen, 1/2 Liter Rotwein, Muskat, Nelke, Ingwer, Fenchel (gemahlen), 1 Apfel, 30 g Korinthen, 30 g gehobelte Mandeln, 2 Eßl. Fliederbeermus, 1 Bund Petersilie.

Die Karpfenhälften so weit es geht entgräten, dann abspülen, salzen, pfeffern und ein wenig mit Essig beträufeln. Gekühlt etwa 1/2 Std. ziehen lassen.
Dann in Mehl wenden, in einer Pfanne mit Butter und etwas Öl (damit die Butter nicht zu dunkel wird!) zunächst anbraten und nebeneinander auf ein gebuttertes Backblech (mit Rand) plazieren.
Den Garungsprozeß, der zwischen Braten und Schmoren liegen sollte, bei 175 Grad etwa 30 Min. im vorgeheizten Backofen fortsetzen. Die Fische zwischendurch mit Braunbier begießen. Gehackte Kräuter und Lorbeer darübergeben. Eventuell mit Butterpapier abdecken.

Für die Sauce Suppengrün und Schalotten putzen, in Scheiben schneiden und mit etwas Butter anschwitzen.

Den geriebenen Zwieback dazugeben, mit Rotwein angießen und langsam kochen lassen. Je eine Messerspitze Muskat, Nelke, Ingwer und Fenchel hinzufügen.

Den Apfel schälen, vierteln, entkernen, in Scheiben schneiden und mit den Korinthen, den gehobelten Mandeln und dem Fliederbeermus der Sauce beigeben.

Dann zur gewünschten Menge einkochen lassen, mit Essig, Salz und Pfeffer abschmecken und den Rest kalte Butter unterschwenken.

Den garen Fisch auf einer vorgewärmten Platte anrichten und den Rest Bratenfond in die Sauce geben.

Dann den Fisch mit der Hälfte der Sauce begießen und nochmals 5 Min. im Ofen heiß werden lassen. Die andere Hälfte der Sauce in einer Sauciere extra reichen.

Karpfen

Dazu gibt es Salzkartoffeln mit reichlich gehackter Petersilie und frischen Salat.

Ebenso läßt sich ein Karpfen im Ganzen zubereiten. Er wird reichlich mit mageren Speckscheiben belegt und im großen Bräter unter öfterem Begießen im Ofen geschmort. Diese Zubereitungsart dauert entsprechend länger.

Aus Pfannen und Schmortöpfen

Pottwurst mit Linsen

das urwüchsige Berliner Gericht aus Gerste, gehacktem
Fleisch, Schweineblut und Schrippen, frei nach dem Budiker
Friebel vom Molkenmarkt 11:
„Meine Wurscht is jut, wo keen Fleisch is, da is Blut,
wo keen Blut is, da sind Schrippen, an meine Wurscht
is nich zu tippen!"

125 g feine Gerste, 1 Liter Wurstbrühe, 125 g Kalbslunge,
250 g Schweinebacke, 2 Speckschwarten, 1 große Zwiebel,
1 – 2 Schrippen, etwas Salz, Pfeffer, 1 Päckchen Wurstkräuter,
1/8 Liter Schweineblut, 250 g Linsen, 1 Möhre, 1 Petersilienwurzel, 60 g Speck, Wasser, Essig.

Die Gerste bereits am Vortag in 1/3 der Wurstbrühe einweichen.
Die gewaschene Kalbslunge, Schweinebacke, 1 Speckschwarte
und abgezogene, in grobe Würfel geschnittene Zwiebel in der
restlichen Wurstbrühe weich kochen.
Dann durch den Fleischwolf drehen (grobe Scheibe) und wieder
in die Brühe geben. Die gequollene Gerste und die eingeweich-
ten, ausgedrückten und zerpflückten Schrippen hinzufügen. Das
Ganze weiterkochen lassen. Die Pottwurst soll eine dickbreiige
Konsistenz haben. Wurstkräuter und Schweineblut unterrühren
und mit Salz und Pfeffer abschmecken.
Nun die Linsen, das gewaschene und kleingeschnittene
Gemüse, den gewürfelten und angebratenen Speck und die

verbliebene Speckschwarte im Wasser gar kochen. Dann mit Essig abschmecken.
Die Linsen als Beilage mit Pellkartoffeln und saurer Gurke zur Pottwurst reichen.

Molkenmarkt im Jahre 1780.

Stolzer Heinrich

oder auch Bratwurst in würziger Biersoße – das originelle Gericht aus Zilles Milieu!

4 gebrühte Bratwürste (fein oder grob), Milch, Butter, 1/4 Liter Malzbier, 1/4 Liter Weißbier, 12 Pfeffer- und 2 Gewürzkörner, 1 Lorbeerblatt, 2 Nelken, 100 g Pfefferkuchen, 1 kg Kartoffeln, 1/4 Liter Buttermilch, 1 Zwiebel, 100 g Magerspeck, etwas Butter.

Die Bratwürste durch Milch ziehen und in zerlassener Butter von allen Seiten schön braun braten, aus der Pfanne nehmen und warm stellen.
Zerdrückte Pfeffer- und Gewürzkörner, Lorbeerblatt, Nelken sowie zerdrückten Pfefferkuchen mit beiden Sorten Bier in das Bratenfett geben und zur gewünschten Saucenmenge einkochen lassen. Lorbeerblatt und Nelken entfernen, die Würste in die Sauce legen und warm stellen.
Kartoffeln schälen, waschen, in Würfel schneiden und in Salzwasser gar kochen. Dann das Wasser abgießen, die Kartoffeln stampfen und unter Zugabe der Buttermilch zu einem feinen Brei verrühren.
Die Zwiebel abziehen, mit dem Speck in Würfel schneiden und in Butter goldbraun braten, dann über das Kartoffelpürree geben und zu der Wurst servieren. Dazu wird Rotkohl gereicht.

Die sogenannte Wurstlokomotive im abendlichen Berlin um 1890, von einem Pferd gezogen und mit Kohlen beheizt – sehr zu Diensten hungriger Passanten.

Berliner Bollenfleisch

Bollen ist in Berlin der vielsagende Begriff für Zwiebeln.

1000 g Hammelfleisch schier (am besten Schulter oder Keule), 800 g Zwiebeln, 60 g Butter, 1 Teel. Kümmel, Salz, Pfeffer aus der Handmühle, 1 Bund Bärlauch (Waldknoblauch).

Zunächst die Zwiebeln schälen, in Scheiben schneiden und mit der Butter kurz anschwitzen.
Fleisch in mundgerechte Stücke schneiden und dazugeben. Kümmel, Salz und Pfeffer darübergeben und mit Wasser angießen, so daß das Fleisch gerade bedeckt ist. Etwa 1 Stunde weich kochen lassen.
Die Brühe nun zur Hälfte einkochen. Es ist ratsam, auch einen Brühwürfel zu verwenden. Das Gericht muß kurz und dicklich gehalten sein. Eventuell noch einen Eßl. geriebenes Weißbrot zur besseren Bindung dazugeben und dann nochmals 5 Minuten kochen lassen.
Zum Schluß den feingeschnittenen Bärlauch darübergeben. Dazu gibt es Salzkartoffeln. Auch können Sie die Kartoffeln die letzten 20 Min. im Bollenfleisch mitkochen lassen.

Einer der vielen Gemüse- und „Äppel"kähne, welche die Berliner Wasserstraßen nutzten und zur Versorgung der Bevölkerung beitrugen. Hier ein Gemüsekahn am Landwehrkanal um 1900 mit „Guten Kartoffeln" im Angebot.

Altberliner Speckeierkuchen

den man in Berlin statt mit Milch sehr gern auch mit Weißbier zubereitet!

250 g Mehl, 1/2 Liter Weißbier, 1 Eßl. Öl, Salz, geriebene Muskatnuß, 6 Eier, 250 g Magerspeck, 1 Zwiebel, 40 g Butter, Speiseöl zum Backen.

Mehl und Weißbier in einer Schüssel mit dem Öl, einer Prise Salz und Muskatnuß verrühren, dann die Eier nur kurz unterziehen, damit die Eierkuchen locker bleiben.
Speck in Würfel schneiden, Zwiebel abziehen, ebenfalls würfeln und beides in der zerlassenen Butter anbraten.
Etwas Speiseöl in einer Pfanne erhitzen, für jeden Eierkuchen 1/4 von den Speck-Zwiebeln hineingeben, dann 1/4 von dem Eierkuchenteig darauf verteilen und schließlich von beiden Seiten goldgelb backen.
Falls Sie das Wenden der Eierkuchen aus der Pfanne nicht ohnehin schon beherrschen, nehmen Sie einfach einen flachen Topfdeckel dazu.
Eine große Schüssel Kopfsalat mit viel Kräutern gehört zu diesem Gericht.

Schlesisches Himmelreich

Kartoffelklöße mit Backobst und Bauchspeck – schlesische Zuwanderer brachten dieses Gericht mit nach Berlin.

400 g gemischtes Backobst, Butter, 1 Stck. Zimt, etwas Zitronenschale, 1 Teel. Kartoffelmehl, 600 g magerer Bauchspeck.
Für die Kartoffelklöße: 750 g gekochte und durchgepreßte Kartoffeln, 50 g geriebenes Weißbrot, 20 g Weizenmehl, Salz, 2 Eier, Muskat, 1 gewürfelte Weißbrotscheibe.

Backobst in 3/4 Liter Wasser 2 Std. einweichen. Mit etwas Einweichwasser, Zimt und Zitronenschale 25 Min. weich kochen, Kartoffelmehl mit Wasser anrühren, Backobst damit binden. Speck in Salzwasser weich kochen, in 4 Scheiben schneiden und auf einer Platte zusammen mit dem Backobst anrichten.
Für die Kartoffelklöße geriebenes Weißbrot und Weizenmehl, Eier, Salz und Muskat mit der Kartoffelmasse verrühren, dann Butter zerlassen und Weißbrotwürfel goldgelb rösten.
8 Klöße formen, je 4 – 6 Weißbrotwürfel in die Mitte des Teiges drücken, in kochendes Salzwasser geben und etwa 20 Min. garziehen lassen. Klöße mit Bauchspeck und Backobst servieren. Gern wird auch geriebenes, in Butter gebräuntes Weißbrot über die Klöße gegeben.

Eisbein mit Sauerkraut

das „Leibgericht" nicht nur der Berliner – das Eisbein, auch
Kniebein genannt, ist übrigens jener Knochen, aus dem früher
die Kufen von Schlittschuhen angefertigt wurden – daher der
Name Eisbein!

4 gepökelte Eisbeine (je 600 g), 1 Möhre, 1 Zwiebel, 1 Lorbeerblatt, 6 Pimentkörner, Zucker.
Für das Sauerkraut: 750 g Sauerkraut, 1 große Zwiebel,
2 Äpfel, 100 g Schmalz, 1 Glas weißen Traubensaft, 1/2 Teel.
Kümmel, 1 Lorbeerblatt, 4 Wacholderbeeren, etwas weißen
Pfeffer, 1/4 Fl. Champagner oder 1 Fl. Weißbier, Eisbeinbrühe,
50 g Butter.

Die Eisbeine waschen und in einem großen Topf mit reichlich
Wasser ohne Salz zum Kochen bringen.
Möhre schrappen, Zwiebel abziehen, beides mit den Gewürzen
in den Topf geben und etwa 2 Std. gar kochen. Durch Zugeben
einer Prise Zucker erhält das Pökelfleisch außerdem eine
schöne, rosarote Farbe. Das Fleisch schön weich kochen, damit
es sich vom Knochen gut lösen läßt. Es schmeckt nicht nur
besser sondern ist auch bekömmlicher!
Für das Sauerkraut Zwiebel pellen, Äpfel schälen und entkernen, beides in Scheiben schneiden und in einem Topf mit dem
Schmalz gut anschwitzen, schließlich das Glas Traubensaft
darübergeben und fast einkochen lassen.

Das gezupfte Sauerkraut mit den Gewürzen dazugeben und Champagner oder Weißbier angießen. Eventuell auch etwas Eisbeinbrühe zugeben und etwa 1 Std. weich kochen. Abschmecken und die kalte Butter unterrühren. Sauerkraut braucht viel Fett.

Dazu gibt es Erbsenbrei von geschälten gelben Erbsen, die tags zuvor eingeweicht wurden. Auch hierzu sollte man ein wenig von der Eisbeinbrühe verwenden.

Ganz wichtig ist das Panaschee: Es besteht aus Speck und Zwiebeln, beides wird in Würfelchen geschnitten, goldbraun gebraten und über den Erbsenbrei gegossen.

Eisbeine zum Sauerkraut und Erbsenbrei servieren, den Mostrich dazu nicht vergessen!

Als „Beilage" ein Bier und als „Dessert" – noch ein Bier!

Sauerkrautpresse

Sauerkraut aus dem Ofen

Magdeburger Art, ein Sauerkrautauflauf mit Schweinebauch.

600 g Schweinebauch, 50 g Schweineschmalz, Salz, Pfeffer aus der Handmühle, 3 Äpfel, 1 – 2 Zwiebeln, 800 g Sauerkraut, 4 Wacholderbeeren, 1 Lorbeerblatt, 1/2 Teel. Kümmel, Majoran, 1/3 Liter Weißwein, 100 g Butter, 4 Eier, 1/4 Liter saure Sahne, 4 Eßl. geriebenes Weißbrot.

Schmalz in einem Bräter zerlassen, Schweinebauch in Scheiben schneiden, salzen, pfeffern und darin anbraten.
Die Äpfel schälen und halbieren, die Zwiebeln abziehen, beides in Scheiben schneiden und mit dem Fleisch in dem Bräter an-dünsten, dann das Sauerkraut, sämtliche Gewürze und den Weißwein dazugeben. Den Bräter verschließen und bei 175 Grad etwa 1 Std. in den vorgeheizten Backofen schieben.
Eine Auflaufform mit Butter ausfetten, die Fleischscheiben aus dem Bräter in die Form legen, Sauerkraut abtropfen lassen und auf die Scheiben verteilen.
4 Eiweiß steif schlagen, das Eigelb mit der sauren Sahne ver-rühren, dann das Eiweiß unterziehen und über das Sauerkraut verteilen. Mit dem geriebenen Weißbrot bestreuen, Butterflöck-chen daraufsetzen und schließlich etwa 3/4 Std. bei 175 Grad im Ofen backen.

Plakatträger zur Eröffnung eines neuen Restaurants.

Schmorgurken mit Schweinekamm

ein typisch berlinisches Gericht – vorzugsweise aus Salatgurken oder Freilandschlangen – Gemüsegurken eignen sich zwar besser, sind jedoch oft bitter.

1 1/2 kg Schweinenacken (Knochen vom Metzger auslösen und kleinhacken lassen), Salz, Pfeffer, 1 Bund Suppengrün, 1 Zwiebel, etwas Kümmel, 4 Wacholderbeeren, 2 Salatgurken (je etwa 500 g), 60 g magerer Speck, 1 kl. Zwiebel, 60 g Butter, Zucker, 1 gestr. Eßl. Mehl, 4 abgezogene, gewürfelte Tomaten, 1 Eßl. Essig, 2 Eßl. gehackte Petersilie, 1 Eßl. Tomatenmark.

Schweinenacken und Knochen waschen, abtrocknen, mit Salz und Pfeffer einreiben, dann in eine mit Wasser gefüllte Bratpfanne legen und in einen auf etwa 200 Grad vorgeheizten Backofen schieben.
Sobald der Bratensatz bräunt, das geputzte und gewürfelte Suppengrün, Zwiebel, Kümmel, Wacholderbeeren und etwas Wasser hinzufügen.
Das Fleisch ab und zu mit dem Bratensatz begießen, die verdampfte Flüssigkeit gegebenenfalls mit Wasser ersetzen und etwa 1 1/2 Std. schmoren lassen.
Salatgurken schälen, halbieren und mit einem Löffel die Kerne auskratzen, in dicke Scheiben schneiden.

Zwiebel abziehen und mit dem Speck in Würfel schneiden. Butter in einem Schmortopf zerlassen und die Speck-Zwiebeln kurz anschwitzen.

Nun die Gurken mit 1 Prise Zucker in den Topf geben, 15 Min. garen lassen, mit Mehl bestäuben, etwas Brühe angießen und weitere 20 Min. zugedeckt schmoren lassen.

Tomatenwürfel unterschwenken, nochmals aufkochen lassen, mit Pfeffer, Salz, Essig abschmecken und mit gehackter Petersilie bestreuen.

Das Fleisch aus dem Topf nehmen und warm stellen. Dem Bratensatz Tomatenmark zugeben, kurz schmoren lassen und mit etwas Wasser loskochen, dann durch ein Sieb gießen, bis zur gewünschten Menge einkochen lassen und mit Salz abschmecken.

Fleisch in Scheiben schneiden und zu den Gurken legen. Dazu die Sauce und Salzkartoffeln oder Kartoffelbrei servieren.

Treibgurken

Kasseler Rippe

benannt nach dem berühmten Berliner Fleischermeister Cassel aus der Potsdamer Straße, der im vergangenen Jahrhundert durch seine besondere Art des Pökelns und Räucherns das Schweinerippenstück haltbar machte und damit gleichzeitig eine besondere Geschmacksrichtung herausfand.

1 kg Kasseler Rücken (Knochen gleich vom Fleischer herausschneiden und zerkleinern lassen!), 1 große Zwiebel, 1 Möhre, 1/4 Sellerie, 1 Lauchgrünes, 6 zerdrückte Wacholderbeeren, 1 Lorbeerblatt, Kümmel, 1 cm Stangenzimt, Pfeffer aus der Handmühle, 1/2 Liter Rotwein, 1 Scheibe Pumpernickel (fein gewürfelt), 1 Tasse Sauerkirschen (entsteint), 1 Teel. Kartoffelmehl, Butter.

Das Kasseler zusammen mit den zerkleinerten Knochen und wenig Wasser in einem Bratentopf in vorgeheizten Backofen bei etwa 200 Grad schieben.
Die Zwiebel abziehen, Möhre, Sellerie und Lauch putzen, schrappen und waschen. Hiervon die Hälfte in groben Würfeln zum Kasseler in den Topf geben.
Nach etwa 20 Min. Wacholderbeeren, Lorbeerblatt, Kümmel, Zimt und etwas Pfeffer darübergeben und weiter schmoren lassen. Zwischendurch wenden und falls nötig, Wasser nachschütten. Nach etwa 40 Min. ist das Fleisch gar, nun herausnehmen und warm stellen.

Die verbliebenen Knochen und das Gemüse sollten angebräunt sein, Rotwein angießen und weiter schmoren lassen.

Nun die andere Hälfte des Gemüses (Möhre, Sellerie, Lauch und Zwiebel) in feine Würfel schneiden und in einem zweiten Topf mit dem Bratenfett oder Butter gut andünsten, den Rest Rotwein dazugießen, Pumpernickel beigeben und köcheln lassen. Dann die Kirschen dazugeben und zur gewünschten Saucenmenge einkochen lassen.

In die Kirschensauce nun den Bratenfond durch ein feines Haarsieb passieren. Ist die Sauce nicht sämig genug, mit dem angerührten Kartoffelmehl binden und gut durchkochen. Mit Salz und Pfeffer abschmecken und einen dicken Stich kalte Butter unterschwenken.

Kasseler in Scheiben auf eine vorgewärmte Platte bringen und die Sauce mit dem Gemüse darübergeben.

Die traditionsgebundenen Beilagen sind Kartoffelpüree und Sauerkraut. Es geht aber ebensogut auch mit Rotkohl, grünen Bohnen, Rosenkohl, Grünkohl oder Spinat.

Die Teile eines Schweines:
1) Kopf, 1a) Ohren, 1b) Schnauze, 2) Kamm, 3) Rippe, Karree, Kotelette, 4) Hintere Rippe, 5) Vorderschinken, 6) Bauch, 7) Hinterschinken, 8) Eisbein, 9) Spitzbein.

Kandierte Spanferkelkeule

aus der feinen Berliner Küche: Spanferkelkeule mit Backpflaumen in einer einzigartigen Gewürzsauce zu Kartoffelklößen serviert.

1 Spanferkelkeule (etwa 1 ½ kg), Salz, Pfeffer aus der Handmühle, jeweils 1 Messerspitze gemahlene Nelken, Kardamom, Piment, Thymian, Liebstöckel, Muskatblüte, Anis und Zimt, 2 Fl. Malzbier, 2 Eßl. Sirup, 2 Eßl. Essig, ½ Zitronenschale, 1 Knoblauchzehe, 2 saure Äpfel, 1 große Zwiebel, 200 g Backpflaumen, 4 Scheiben Pfefferkuchen, 40 g geriebene Mandeln.

Spanferkelkeule waschen und abtrocknen, dann leicht salzen und reichlich Pfeffer darübergeben.

Die Hälfte der Gewürze miteinander vermischen und die Keule gewissenhaft damit einreiben.

Spanferkelkeule in einem Bräter in vorgeheizten Backofen schieben und bei 180 Grad unter öfterem Begießen abwechselnd mit Salzwasser und Malzbier schön braun braten.

Ab und zu mit Sirup und Essig bestreichen. Geriebene Zitronenschale und Knoblauch dazugeben.

Die Hälfte der Bratzeit die Schwarte nach oben legen, so daß sie mit dem Bratensaft immer wieder schön begossen und recht knusprig werden kann.

Die geschälten, geviertelten und entkernten Äpfel sowie die feingeschnittene Zwiebel die letzten 20 Min. mitschmoren lassen.
Die Keule herausnehmen und warm stellen.
Die vorher eingeweichten Backpflaumen mit dem Rest Malzbier
in den Bräter geben. Zerdrückten Pfefferkuchen und Mandeln
hinzufügen und noch ein wenig kochen lassen, – wenn es sein
muß die Sauce entfetten! Abschmecken mit dem Rest der
Gewürzmischung, Essig, Salz und Pfeffer und in eine vorgewärmte Sauciere gießen.
Dazu gibt es Kartoffelklöße, außerdem frischen grünen Salat
oder wahlweise auch Rotkohl.

Wie man eine Keule zerlegt.

Kalbsleber Berliner Art

mit Äpfeln, Zwiebeln und Kartoffelpüree – ein typisches Gericht aus dem alten Berlin.

4 Scheiben Kalbsleber (zusammen 600 – 700 g), 4 saure Äpfel, 2 große Zwiebeln, etwas Butter und Öl, Mehl, Salz, Pfeffer aus der Handmühle.

Die Äpfel schälen, vierteln, das Kerngehäuse entfernen und in Scheiben schneiden. Dann in einer Pfanne in Butter braten und warm stellen.
Die Zwiebeln abziehen, in halbe Scheiben schneiden und in Butter braun braten.
Die Leber waschen, trockentupfen, Sehnen und Röhren entfernen und in Mehl wenden. In Butter mit einem Schuß Öl von beiden Seiten kurz braten. Innen muß die Leber rosig bleiben! Dann salzen und pfeffern.
Äpfel und Zwiebeln über die Leber geben und die Bratbutter reichlich darübergießen.
Dazu gibt es Kartoffelpüree, grünen Salat und frische Möhren in Petersilie oder frische geschnippelte Stangenbohnen aus dem Garten.

Das berühmte Gasthaus Nußbaum, erbaut im Jahre 1507 im Nikolaiviertel, häufig besucht und gezeichnet von Heinrich Zille, Aufnahme 1930.

Lungenhaschee

mit Setzei – aus Kalbslunge und Kalbsherz frisch vom Schlachter!

1 Kalbslunge mit Herz (Geschlinge), 1 Zwiebel, 1 Möhre, 1/2 Sellerie, 1 Petersilienwurzel, 1 Lorbeerblatt, 4 Gewürzkörner, 2 Nelken, Pfeffer aus der Handmühle, 80 g Butter, 2 Schalotten, 30 g Mehl, 1/8 Liter Sahne, 2 Eßl. Essig, 4 Eier, 2 Eßl. Schnittlauchröllchen.

Lunge und Herz putzen, waschen und 2 Std. wässern, dann in 1 1/2 Liter Salzwasser etwa 1 3/4 Std. kochen lassen. Hin und wieder abschäumen.

Zwiebel abziehen und halbieren, Möhre, Sellerie und Petersilienwurzel schälen, waschen und in Scheiben schneiden. Zusammen mit dem Lorbeerblatt, Gewürzkörnern, Nelken und Pfeffer zum Fleisch geben und 30 Min. mitkochen lassen. Das Gemüse herausnehmen und warm stellen.

Dann das gare Fleisch durch den Wolf drehen (grobe Scheibe) oder mit dem Messer in feine Streifen schneiden.

Nun die Schalotten abziehen, würfeln und in zerlassener Butter glasig dünsten. Mehl unterrühren und recht sämig mit Sahne und 1/2 Liter Brühe auffüllen, 10 Min. köcheln lassen. Zum Schluß das Fleisch unterrühren und mit Essig, Salz und Pfeffer abschmecken. Auf das Lungenhaschee 4 Setzeier geben. Dann das warmgehaltene Suppengemüse drumherum garnieren und mit Schnittlauch bestreut servieren. Dazu werden Salzkartoffeln und saure Gurken gereicht.

Kalbsrippchen mit Stachelbeeren

nach einem alten Rezept von Frau Auguste Fontane, der Frau des Kabinettssekretärs der Königin Luise und Großmutter des Dichters Theodor Fontane.

1 kg Kalbsbrust, Salz, Pfeffer, 100 g Butter, 2 Eßl. Öl, 1 Möhre, 1 Petersilienwurzel, 1 Zwiebel, ¼ Liter Weißwein, ¼ Liter Brühe, 1 Stückchen Zimt, etwas Zitronenschale (unbehandelt), 400 g Stachelbeeren (nicht zu reif!), 4 Schalotten, 2 Eßlöffel Zucker, 2 Eigelb, 2 Eßl. Sahne.

Kalbsbrust waschen und trockentupfen, mit Salz und Pfeffer einreiben. 50 g Butter und Öl in einem Bratentopf erhitzen und das Fleisch darin gut anbraten.
Möhre, Petersilienwurzel und Zwiebel putzen, waschen, in Würfel schneiden und mit anbraten. Etwas Weißwein und Brühe zu dem Fleisch geben. In den Backofen schieben und bei 175 Grad schmoren lassen.
Das Fleisch ab und zu mit dem Bratensatz und dem Rest Wein und Brühe begießen.
Zimt, Zitronenschale und die Hälfte der Stachelbeeren nach 1 ½ Std. zu der Kalbsbrust geben und noch weitere 30 Min. schmoren lassen.

Schalotten abziehen und in Würfel schneiden. Den Rest Butter und den Zucker in einem Topf ein wenig karamelisieren lassen, Schalotten hinzufügen und leicht anschwitzen, die restlichen Stachelbeeren dazugeben und vorsichtig weich dünsten.

Das Fleisch aus dem Topf nehmen und warm stellen. Den Bratenfond durch ein Sieb streichen, mit Salz und Pfeffer abschmecken und schließlich die gedünsteten Stachelbeeren in die Sauce geben.

Das Eigelb mit der Sahne verrühren und dann unter die Sauce ziehen. Nicht mehr kochen!

Die Überlieferung schreibt „Kartoffelmus" als Beigabe vor. Zu empfehlen wäre zusätzlich ein frischer Salat.

Die Teile eines Kalbes:
1) Rücken, Karree oder Koteletts, 2) Hesse, 3) Hals,
4) Brust oder Rippe, 5) Blatt.

Königsberger Klopse

gehören infolge der besonderen Beziehung des alten Berlin zur Provinz Ostpreußen seit langem auch zur Berliner Küche. Sie werden vielfach auch als „Soßklopse" oder „Saure Klopse" bezeichnet.

600 g schieres Kalbfleisch, 2 Schrippen, 2 Zwiebeln, Butter, 6 Sardellenfilets, 1 Eßl. gehackte Petersilie, 3/8 Liter Sahne, 2 Eier, etwas geriebene Zitronenschale, Salz, Pfeffer aus der Handmühle, 1 Möhre, 1 Lorbeerblatt, 1 Liter Brühe, 50 g Butter, 40 g Mehl, Zitronensaft, 2 Eigelb, 1 Eßl. Kapern.

Das Kalbfleisch mit den eingeweichten und ausgedrückten Schrippen durch den Wolf drehen.
1 Zwiebel abziehen, fein würfeln und in Butter glasig dünsten. Die Sardellen hacken und mit den gedünsteten Zwiebeln, Petersilie, 1/8 Liter Sahne, den Eiern und der abgeriebenen Zitronenschale zu dem durchgedrehten Kalbfleisch geben.
Dann mit Salz und Pfeffer abschmecken und zu kleinen runden Klopsen formen.
Möhre schrappen, die andere Zwiebel abziehen, beides mit dem Lorbeerblatt in die Brühe geben und zum Kochen bringen, dann die Klopse darin garziehen lassen. Die Brühe durch ein Sieb passieren und 1/2 Liter davon abmessen.

Für die Sauce Butter zerlassen, Mehl darin erhitzen, bis es hellgelb wird, dann die Brühe hineingießen, gut durchrühren und mit Salz, Pfeffer und Zitronensaft abschmecken. Etwa 5 Min. kochen lassen und mit dem Eigelb legieren.
Die gekochte Möhre in Würfel schneiden und mit den Kapern und den Klopsen in die Sauce geben.
Feldsalat oder Rapunzel passen sehr gut dazu, aber auch Rote Beete und saure Gurke.

Dazu ein großblättriger Feldsalat.

Preußischer Pfefferklops

ist eher eine Art Rinderschnitzel, das die Hugenotten im 17. Jahrhundert mit nach Berlin brachten, Klops ist die eingedeutschte Form des französischen Wortes „escalope" und heißt Schnitzel.

700 g Rindfleisch (4 fingerdicke Scheiben), 1 Zwiebel, Salz, Pfeffer aus der Handmühle, 60 g Butter, 20 g Mehl, 1/2 Liter braunen Fond, 1 Lorbeerblatt, 4 Gewürzkörner, Rotwein, 1 Eßl. Senf, Majoran.

Zwiebel abziehen und in Scheiben schneiden, Fleischscheiben waschen, trockentupfen, salzen, pfeffern und mit den Zwiebeln in einem Bratentopf in Butter schön braun anbraten. Das Fleisch aus dem Topf nehmen.
Dann die Zwiebelscheiben mit Mehl bestäuben, mit dem Fond angießen, verrühren und die Fleischscheiben wieder hineingeben. Zugedeckt mit dem Lorbeerblatt und Gewürzkörnern vorsichtig weich schmoren.
Verdampfte Flüssigkeit eventuell durch Rotwein ersetzen, dann mit Salz, reichlich Pfeffer, Senf und einer Spur Majoran abschmecken.
Dazu gibt es gemischtes Gemüse und neue Kartoffeln mit Kümmel gekocht.

Berliner Schnitzel

die urwüchsige Schnitzelart aus paniertem Kuheuterfleisch nach einem alten handgeschriebenen Rezept!

800 – 1000 g Kuheuter, Salz, 1 Bund Suppengrün, Pfeffer aus der Handmühle, etwas Mehl, 1 Ei, geriebenes Weißbrot, Butter, Öl.

Kuheuter putzen, unbrauchbare Teile wegschneiden, wässern und noch einmal überbrühen.
Etwa 1 Liter Wasser mit Salz und dem geputzten Suppengrün zum Kochen bringen. Das Fleisch etwa 3 Std. darin gar kochen, abkühlen lassen und in schnitzelstarke Scheiben schneiden.
Salzen und pfeffern, in Mehl wälzen und durch das verschlagene Ei ziehen, dann in geriebenem Weißbrot wälzen, andrücken und in Butter (mit etwas Öl, damit die Butter nicht so schnell braun wird!) schön braun braten.
Dazu gibt es grüne Bohnen oder, je nach Jahreszeit, frischen Stangenspargel mit zerlassener Butter.

Ochsenbrust mit Meerrettichsauce

schön weichgekocht mit Gemüse und den in Berlin so beliebten Bouillonkartoffeln.

1 kg Ochsenbrust (ohne Knochen), 1 Lorbeerblatt, Pfeffer aus der Handmühle, etwa 1 Liter Salzwasser, 1/4 Sellerie, 1 Möhre, 1 Petersilienwurzel, 1 Zwiebel, 1 Eßl. Schnittlauchröllchen. Für die Meerrettichsauce: 1/4 Liter Milch, 1/4 Liter Ochsenbrühe, 60 g geriebenes Weißbrot, 1 Eßl. frischen geriebenen Meerrettich, 1/8 Liter Sahne, Essig, Salz, Pfeffer.

Das Fleisch waschen, mit dem Lorbeerblatt und reichlich Pfeffer im Salzwasser zum Kochen bringen und etwa 2 Std. kochen lassen, bis die Ochsenbrust schön weich ist.
Sellerie, Möhre, Petersilienwurzel und Zwiebel putzen, schälen, in Scheiben schneiden, dann zu dem Fleisch geben und etwa 1/2 Std. mitkochen lassen.
Für die Meerrettichsauce die Milch, Brühe und das geriebene Weißbrot in einen Topf geben und unter ständigem Rühren eine Weile köcheln lassen. Den geriebenen Meerrettich und die Sahne dazugeben und mit Essig, Salz und Pfeffer abschmecken.
Die Ochsenbrust in fingerdicke Scheiben schneiden und mit dem Gemüse auf einer vorgeheizten Platte anrichten, mit

Schnittlauch bestreuen und mit der Meerrettichsauce getrennt servieren.
Dazu gibt es Bouillonkartoffeln (siehe Seite 46!) und nach Belieben Rote Beete, saure Gurken oder auch Senfgurken und Preiselbeeren.

Meerrettichstangen

Altberliner Zungenessen

für die anspruchsvolle Hausfrau: eine schön zartgekochte Ochsenzunge in würziger Fruchtsauce mit Speckklößen.

1 gepökelte Ochsenzunge (etwa 1 kg), $^1/_2$ Kalbsfuß, 1 Bund Suppengrün, 1 Zwiebel, 1 Lorbeerblatt, 4 Nelken, 12 Pfeffer-körner, 4 Gewürzkörner, Salz, 1 Stck. Zitronenschale (unbe-handelt), 2 Blatt Salbei, 8 Nadeln Rosmarin, 1 kl. Zweig Estragon, 2 Sardellenfilets.
Für die Sauce: 100 g Butter, 2 Schalotten, 1 Knoblauchzehe, 250 g frische Morcheln, $^1/_4$ Liter Rotwein, $^1/_4$ Liter Braunbier, 1 Eßl. braunes Saucenpulver, 4 kl. Birnen, 4 eingeweichte Back-pflaumen, 3 geriebene Zwiebäcke, 30 g gemahlene Mandeln, Salz, Ingwer, Muskatnuß, Pfeffer und 1 Eßl. Schnittlauchröllchen.
Für die Speckklöße: 750 g Kartoffeln, 200 g Mehl, 4 Eßl. Grieß, 3 Eier, Salz, Pfeffer, Muskat, 125 Magerspeck, 1 Zwiebel, Butter.

Kalbsfuß waschen, Suppengrün putzen und waschen, Zwiebel abziehen und mit der gut gewässerten Ochsenzunge sowie allen übrigen Zutaten in einem Topf zum Kochen bringen. Nach etwa 3 Std., wenn sich die Zungenspitze weich anstechen läßt, ist die Zunge gar.
Für die Sauce die Hälfte der Butter zerlassen, Schalotten und Knoblauchzehe abziehen, würfeln und in Butter glasig dünsten.

Morcheln putzen, waschen und halbieren, eine Zeitlang
mitschmoren lassen, dann mit Wein und Bier auffüllen, das
Saucenpulver dazugeben und etwas einkochen lassen.
Die Birnen schälen, vierteln, entkernen und in der Sauce garen.
Dann Backpflaumen, Zwieback und Mandeln etwa 10 Minuten
in der Sauce köcheln lassen.
Nun die Zungenbrühe durch ein Sieb gießen und soviel in die
Sauce geben, wie benötigt wird. Mit Salz, Ingwer, Muskat und
Pfeffer abschmecken, die restliche kalte Butter unterrühren.
Für die Speckklöße Kartoffeln kochen, pellen und durch den
Wolf drehen. Mehl, Grieß und Eier sowie Salz, Pfeffer und
Muskat dazugeben und durchrühren.
Zwiebel abziehen, mit dem Magerspeck würfeln und in einer
Pfanne in Butter anbraten. Dann zu den anderen Zutaten
geben und zu einem festen Teig verarbeiten.
Daraus Klöße formen, nochmals durch Mehl wälzen und in
reichlich kochendem Wasser garen.
Dann von der Zunge die Haut abziehen, die Zunge in Scheiben
schneiden und in einer tiefen Schüssel anrichten.
Fleisch vom Kalbsfuß ablösen und in kleinen Stücken auf der
Zunge verteilen. Dann die Sauce mit ihrer Einlage recht heiß
über das Fleisch geben.

Schalotten

Hase im Pfeffer

hier die Berliner Art mit einer pikanten Sauce aus Rotwein, Braunbier, Backpflaumen und vielen Gewürzen.

1 Hase (etwa 2 kg), 1/2 Liter trockenen Rotwein, 1/8 Liter Essig, Nelken, 6 Gewürzkörner, 6 Wacholderbeeren, 1 Lorbeerblatt, Pfeffer aus der Handmühle, Mehl, 200 g Magerspeck, 50 g Butter, 200 g Wurzelgemüse, 1 große Zwiebel, 1 Fl. Braunbier, 2 Zehen Knoblauch, 1 Zweig Majoran, 1/2 Zweig Rosmarin, 1 Brühwürfel, 1 Eßl. Johannisbeergelee, 4 Backpflaumen, 2 Scheiben geriebenes Schwarzbrot, 1/8 Liter Schweineblut.

Den Hasen häuten, Keule und Läufe abtrennen und den Rücken in vier Stücke teilen.
Beize aus Rotwein, Essig, Nelken, Gewürzkörnern, Wacholder-beeren, Lorbeerblatt und 1 Teel. Pfeffer herstellen.
Den geteilten Hasen hineinlegen und 2 Tage stehenlassen.
Dann aus der Beize nehmen, abtrocknen, durch Mehl wälzen und mit dem grob gewürfelten Speck und der Butter in einem passenden Topf anbraten.
Wurzelgemüse und Zwiebel in Würfel schneiden, dazugeben und mitschmoren lassen (evtl. ein wenig Beize angießen!). Das Gemüse sollte etwas Farbe bekommen.
Nach dem Anbraten mit Beize und Braunbier aufgießen und dann im Backofen etwa 2 Std. schmoren lassen. Knoblauch, Gewürze, Brühwürfel, Johannisbeergelee, Backpflaumen und

das geriebene Schwarzbrot dazugeben. Wenn der Hase schön weich ist, aus der Sauce nehmen und warm stellen.

Mit dem Schaumlöffel die Kräuter, Nelken und Wacholderbeeren herausnehmen (Pflaumen und Gemüse bleiben drin!). Die Sauce auf die gewünschte Menge einkochen und zum Schluß das Blut unterrühren. Nochmals aufkochen lassen, mit Salz und reichlich Pfeffer abschmecken und den Hasen wieder in die Sauce legen.

Dazu ißt man Teltower Rübchen, Grün- oder Rotkohl, Apfelmus, Kartoffelpüree oder Klöße.

Wie man einen Hasen zerlegt.

Falscher Hase

nicht so aufwendig aus Schabe- und Hackfleisch, wobei natürlich Schrippen nicht fehlen dürfen!

300 g Schabefleisch, 300 g Hackfleisch (halb Rind- und halb
Schweinefleisch), 2 eingeweichte Schrippen, 1 gewürfelte Zwiebel, 2 Eier, 100 g gewürfelten fetten Speck, Salz, Muskat, Pfeffer
aus der Handmühle, etwas Schmalz, 1 Eßl. Mehl, ¼ Liter
saure Sahne, Zitronensaft.

Eingeweichte Schrippen gut ausdrücken, mit dem Schabe- und
Hackfleisch, gewürfelter Zwiebel, Eiern und Speckwürfeln
sowie etwas Salz, Muskat und Pfeffer zu einem Teig verarbeiten
und ein längliches „Brot" daraus formen.
Schmalz in einem Bräter zerlassen, Falschen Hasen hineinlegen
und etwa 50 Minuten im vorgeheizten Backofen bei 200 Grad
braten lassen. Sobald der Bratensatz bräunt, etwas warmes
Wasser hinzugießen. Ist der Hackbraten gar, ihn in Scheiben
schneiden und warm stellen.
Den Bratensatz mit dem Mehl bestäuben, verrühren, etwas
Wasser oder Brühe angießen und aufkochen lassen. Saure
Sahne hinzugeben und bis zur gewünschten Menge einkochen
lassen.
Zum Schluß mit Zitronensaft, Salz und Pfeffer abschmecken,
durch ein Sieb streichen und über das Fleisch geben.
Als Beilage eignet sich jegliches Gemüse sowie Kartoffelpüree.

Rund um die Gans und anderes Federvieh

Berliner Hühnerfrikassee

ein anspruchsvolles Rezept mit Kalbszunge, Kalbsbries, gefüllten Krebsnasen und einer köstlichen Sahnesauce.

1 kleines Suppenhuhn (etwa 1,6 kg), 200 g Kalbsmilcher (Bries), 1 kleine Kalbszunge, ½ Suppengrün, 1 Lorbeerblatt, Pfefferkörner, Piment, 16 Krebse, Kümmel, Salz, 150 g Morcheln, 150 g Champignons, 100 g Butter, 800 g Spargel, 40 g Mehl, ¼ Liter Weißwein, ¼ Liter Sahne, 2 Eigelb, 1 Zitrone, 1 Eßl. Kapern, 8 Blätterteigfleurons.
Krebsnasenfüllung: 1 Tasse Wasser oder Milch, 50 g Butter, Salz, Muskat, 1 Tasse Grieß, 1 ganzes Ei, 2 Eigelb.

Kalbsmilcher wässern, abziehen und in einem Topf mit der Kalbszunge, dem Huhn und dem geputzten Suppengrün sowie den Gewürzen gar kochen.
Wenn alles schön weich geworden ist, Kalbsmilcher bereits nach 25 Min., die Kalbszunge herausnehmen und die Haut abziehen, das Huhn vierteln, ebenso recht vorsichtig die Haut abziehen und entknöcheln. Brust und Keulen halbieren, Kalbszunge und Milcher in Scheiben schneiden und alles in der Brühe warm stellen. Die Krebse mit etwas Kümmel ca. 4 Minuten in sprudelndem Salzwasser kochen, abkühlen lassen, ausbrechen, den Darm entfernen, die Krebsnasen gut säubern und warm stellen.

Für die Krebsnasenfüllung Wasser oder Milch, Butter, etwas
Salz und Muskat zum Kochen bringen, Grieß zugeben und
solange rühren, bis sich die Masse vom Topf löst. Etwas abküh-
len lassen und das Ei sowie zusätzlich 2 Eigelb nach und nach
unterrühren. Die Krebsnasen damit füllen und vom Rest der
Grießmasse Klößchen herstellen, die später ebenso an das
Frikassee gegeben werden. Die gefüllten Krebsnasen in der
Hühnerbrühe garen.
Nun die Pilze gut säubern, waschen, vierteln und in etwa 40 g
Butter gar dünsten.
Dann den Spargel schälen und abkochen. Aus dem Rest Butter
und dem Mehl eine Schwitze bereiten, mit dem Wein, gut
1/4 Liter Brühe sowie der Hälfte der Sahne zur gewünschten
Saucenmenge aufgießen, gut durchrühren und köcheln lassen.
Eigelb mit dem Rest Sahne verrühren und die Sauce damit
legieren. Mit Salz und Zitrone abschmecken.
Kalbszunge, Huhn und Milcher gut abtropfen lassen, mit den
Krebsschwänzen und -scheren, Pilzen und Spargel auf einer
tiefen vorgewärmten Schüssel anrichten, mit einem Teil der
heißen Sauce übergießen und den Kapern bestreuen.
Die gefüllten Krebsnasen mit den vorgewärmten Fleurons am
Schüsselrand um das Frikassee legen.
Die restliche Sauce separat servieren und Butterreis dazu
reichen.

Entenragout mit Teltower Rübchen

*einer kleinen, zarten Rübenart aus dem märkischen Sand-
boden, ein typisches Wintergemüse in Berlin.*

*2 junge Enten (küchenfertig), Salz, Pfeffer aus der Handmühle,
1 gehäufter Eßl. Mehl, 80 g Butter, 2 Nelken, 4 Gewürzkörner,
1 Kräuterbündchen (Petersilie, Majoran, Thymian, Beifuß),
600 g Teltower Rübchen, 1 Möhre, 4 Schalotten, 1/4 Liter Brühe,
1/4 Liter Portwein, 2 Sardellenfilets.*

*Die gut gesäuberten Enten vierteln, mit Salz und Pfeffer würzen,
mit Mehl bestäuben und in einem großen Bräter mit reichlich
Butter goldbraun anbraten.*
*Nelken, Gewürzkörner und Kräutersträußchen dazugeben,
etwas Wasser angießen und im mittelheißen Ofen 1–1 1/2 Std.
gar schmoren.*
*Kurz bevor die Entenstücke gar sind, Kräutersträußchen her-
ausnehmen, die gesäuberten Rübchen im Ganzen und die
Möhre sowie die Schalotten in Scheiben geschnitten dazugeben.
Weiter schmoren lassen, bis der Fond fast eingekocht ist und
die Rübchen etwas braune Farbe angenommen haben. Die
Entenstücke herausnehmen und warm stellen.*
*Nun die Brühe und den Portwein an die Rübchen gießen, die
gehackten Sardellenfilets dazugeben und zu Ende schmoren*

lassen. Noch etwas Flüssigkeit verdampfen lassen, damit die Sauce recht kurz wird. Mit Salz und Pfeffer abschmecken. Die Entenviertel mit der Haut nach oben auf die Rübchen plazieren und alles zusammen nochmals im Ofen schön heiß werden lassen. Dazu gibt es Kartoffelklöße.

Fliegenschrank um 1900.

Gänseweißsauer

eine pikant abgeschmeckte Sülze aus Gänseklein und Gemüse – köstlich zu Bratkartoffeln!

Gänseklein (Magen, Herz, Flügel und Hals von 2 Gänsen), 2 Gänsekeulen, 1 großer Kalbsfuß (vom Metzger zerkleinert, sorgt für die notwendigen Gelierstoffe), 1 1/2 Liter Wasser, 1 Zwiebel, 1 Möhre, 1 Stange Lauch (Porree), 1/2 Teel. Majoran, 1 Lorbeerblatt, 8 Pfefferkörner, 6 Gewürzkörner, Salz, 1/8 Liter Essig, Salz, Pfeffer aus der Handmühle.

Gänseklein, -keulen und Kalbsfuß gut abspülen und in einem Topf gut mit Wasser bedeckt zum Kochen bringen, währenddessen hin und wieder abschäumen.
Zwiebel, Möhre und Lauch abziehen, schrappen und waschen, mit den Gewürzen dazugeben und etwa 2 Std. kochen lassen. Sobald das Gemüse gar ist, herausnehmen und in Scheibchen schneiden.
Das gare Gänsefleisch und den Kalbsfuß herausnehmen und Haut und Knochen entfernen. Dann die Brühe langsam auf etwa 1 Liter reduzieren. Sollte die Brühe zu trübe geworden sein, 4 Eiweiß halbfest schlagen, gut unter die Brühe rühren und nochmals langsam aufkochen lassen. Danach 10 Minuten zugedeckt stehenlassen, dann klärt sich der Fond.
Das Gänsefleisch und Gemüse portionsweise in eine Schüssel schichten.

Brühe mit Essig, Salz und Pfeffer kräftig abschmecken, durch ein feines Sieb geben und über das Gänsefleisch und Gemüse gießen. Dann abkühlen lassen und zum Gelieren in den Kühlschrank stellen. Dazu gibt es Bratkartoffeln.

Gewürzbord

Gänseschwarzsauer

süß-sauer abgeschmeckt, jedoch wird dieses Gericht mit Schweineblut bereitet und meist heiß gegessen.

Gänseklein (Magen, Herz, Flügel und Hals von 2 Gänsen), 2 Gänsekeulen, 1 großer Kalbsfuß (vom Metzger zerkleinert, sorgt für die notwendigen Gelierstoffe), 1 1/2 Liter Wasser, Salz, 1/2 Lorbeerblatt, 4 Gewürzkörner, 10 zerdrückte Pfefferkörner, 1 Brühwürfel, Essig, 1 Bund Suppengrün, 250 g eingeweichte Backpflaumen (oder gemischtes Backobst), 100 g Pfefferkuchen, 1 kleine Tasse Schweineblut, Zucker.

Gänseklein, Keulen und Kalbsfuß in einem Topf gut mit Wasser bedeckt zum Kochen bringen und abschäumen.
Salz, Gewürze, Brühwürfel, einen Schuß Essig sowie geputztes, gewaschenes und in gefällige Stücke geschnittenes Suppengrün hinzugeben.
Etwa 1 1/2 Std. kochen lassen. Sobald das Suppengrün gar ist, herausnehmen und beiseite stellen.
Vom garen Gänsefleisch und Kalbsfuß Haut und Knochen entfernen, dann in Stücke schneiden.
Das Backobst in etwas Gänsebrühe weich kochen. Die Gänsebrühe durch ein Sieb geben, eine entsprechende Menge für die Sauce abnehmen und entfetten. Dann den zerbröckelten Pfefferkuchen hinzufügen und die Sauce köcheln lassen.

Das Fleisch hinzufügen und mit dem Schweineblut unter ständigem Rühren die Sauce binden. Mit Essig, Salz und eventuell Zucker würzen.

Das Backobst mit dem Suppengrün in etwas abgeschöpftem Gänsefett nochmals erhitzen und über das Schwarzsauer geben. Semmel- oder Kartoffelklöße passen sehr gut dazu.

Das Gänseschwarzsauer kann auch kalt gegessen werden – hier sind Bratkartoffeln zu empfehlen.

(Das Schweineblut läßt sich, mit etwas Essig verrührt, 2 Tage im Kühlschrank aufbewahren.)

Küche des Funkturmrestaurants, etwa 1924.

Teltower Rübchen mit gepökelten Gänsekeulen

wegen der Haltbarkeit und des Geschmacks werden die Gänsekeulen vielfach auch gepökelt.

Zum Pökeln: 50 g Kochsalz, 1 Teel. Pökelsalz, 1 Teel. Zucker, 1 Zwiebel, 1 Möhre, 1 Lorbeerblatt, 6 Gewürzkörner, 10 Pfefferkörner, 1 Zweig Majoran.

Für das Gericht: 4 Gänsekeulen, 1 Zwiebel, 1 Möhre, 800 g Teltower Rübchen, 2 Schalotten, 60 g Butter oder Gänseschmalz, 1 Eßl. Zucker, Majoran, 1 Eßl. Mehl, etwas Wasser oder Kochbrühe (darf nicht zu salzig sein!), Pfeffer aus der Handmühle.

Zum Pökeln zunächst etwa 1 1/2 Liter Wasser mit dem Koch- und Pökelsalz, Zucker, Zwiebel und Möhre sowie sämtlichen Gewürzen aufkochen und abkühlen lassen. Die Gänsekeulen 4 – 5 Tage darin pökeln.

Vor Verwendung sollte man die Gänsekeulen erst noch 2 Std. wässern lassen.

Dann ohne Salz, jedoch mit der Zwiebel und der Möhre etwa 1 1/2 Std. weich kochen.

Nun die Teltower Rübchen schälen und die großen längs halbieren. Die Schalotten abziehen und in Scheiben schneiden. Beides mit der Butter oder Gänseschmalz in einen Schmortopf geben und unter ständigem Rühren leicht anbräunen. Zucker hinzufügen und weiter behutsam bräunen lassen.

Schließlich die garen Gänsekeulen und Majoran zugeben und noch etwas mitschmoren lassen. Dann mit Mehl bestäuben, etwas Brühe angießen und köcheln lassen.

Wenn die Rübchen gar sind, sollte das Gericht sämig sein und eine hellbraune Farbe haben. Mit Pfeffer würzen und gekochte Salzkartoffeln dazu reichen.

Nach Belieben kann das Gericht auch ohne Zucker zubereitet oder ungepökelte Gänsekeulen verwendet werden.

Küchenherd für den großen Haushalt, etwa 1890.

Gänsebraten

„Ne jut jebratene Jans is ne jute Jabe Jottes!" pflegt man in Berlin zu sagen.

1 küchenfertige Gans (3 – 4 kg), Salz, Pfeffer aus der Hand-mühle, 2 Äpfel, 2 Zwiebeln, etwas Majoran, 1 Sträußchen Beifuß, 1 Eßl. Apfelmus.

Wenn die Gans geschlachtet wird, sollte man das Blut auf-fangen und sogleich mit Essig verrühren, um ein Gerinnen zu vermeiden. (Sie brauchen es zum Gänseschwarzsauer, siehe Seite 124!)

Die Gans, wenn es geht, noch warm rupfen und über offener Flamme die Stoppeln wegsengen. Dann tüchtig mit Kleie ab-reiben und waschen, damit sie schön weiß wird.

Hals, Flügel und Füße abhacken, aufbewahren und die Gans gewissenhaft ausnehmen. Flomen und Fett der Därme später für Schmalz verwenden.

Sollten Sie sich an dieser Stelle jedoch entschlossen haben, eine bratfertige Gans zu kaufen (etwa 3 – 4 kg), so brauchen Sie nur das verpackte Gänseklein herauszunehmen, die Gans gut säu-bern, waschen und inwendig mit Salz und Pfeffer ausreiben.

2 Äpfel und 2 Zwiebeln schälen und vierteln und mit ein wenig Majoran und einem Sträußchen Beifuß die Gans füllen.

Am Hinterteil rechts und links je einen Einschnitt machen und die Keulenknochen nach innen durchstecken, damit die Gans eine bratgerechte Form bekommt. Salzen und im passenden Bräter (Brust nach unten) mit etwas Wasser in den vorgeheizten Ofen (ca. 180 Grad) schieben. Die Gans öfters wenden und dabei sorgfältig begießen.

Wenn der Bratensatz braun wird, immer wieder mit Wasser ablöschen, so erhält die Sauce ihren guten Geschmack und eine schöne Farbe.

Zwischendurch das ausgebratene Fett mit einer Kelle vorsichtig abschöpfen und für andere Zwecke zurückstellen. Dieser Vorgang dauert etwa 2 1/2 Stunden.

1/2 Stunde vor Beendigung sollte die Gans nur noch auf dem Rücken liegen und immer wieder begossen werden, auch mal mit etwas kaltem Wasser, damit sie schön knusprig und braun wird. Die Gans ist fertig, wenn sie durch Druckprobe mit dem Zeigefinger und Daumen die Keule leicht bis zum Knochen durchdrücken können.

Die Gans aus dem Bräter nehmen und im Ganzen warm stellen, falls sie vom Hausherrn am Tisch tranchiert wird. Andernfalls Keulen und Brust sorgfältig vom Rumpf lösen und warm stellen.

Die Sauce im Bräter zur gewünschten Menge aufgießen oder einkochen lassen, mit einem Löffel Apfelmus binden und durch ein Sieb geben. Mit Salz, Pfeffer und eventuell auch Majoran abschmecken.

Als Beigabe bevorzugt man in Berlin Apfelspalten, die in etwas Gänsefett angebraten werden, außerdem Rotkohl oder Grünkohl und besonders Kartoffelklöße. Das Gänseklein können Sie für Gänseweißsauer oder -schwarzsauer verwenden!

Eine andere Gänsefüllung:

250 g gewürfelter Schweinebauch, 30 g Butter, 2 große gewürfelte Zwiebeln, 2 – 3 große Äpfel, 6 Zwiebäcke, 100 g abgezogene, gehackte Mandeln, etwas Majoran und Beifuß, 200 g eingeweichte Backpflaumen.

Schweinebauchwürfel in zerlassener Butter anbraten, Zwiebelfüllung hinzufügen und kurz mitbraten lassen.
Die geschälten, geviertelten und entkernten Äpfel in Spalten schneiden und mit den grob zerdrückten Zwiebäcken und den übrigen Zutaten dazugeben. Mit Salz und Pfeffer würzen.
Evtl. noch einige vorgekochte Maronen hinzufügen.
Die Gans mit der Masse füllen.

Wie man einen Gänsebraten zerlegt.

Apfel-Zwiebelgemüse mit Gänseleber

schön rosa gebraten – mit Kartoffelpüree und grünem Salat.

600 g Gänseleber, ¼ Liter Milch, 2 große Zwiebeln, 4 Äpfel, 150 g Butter oder Gänseschmalz, 1 Eßl. grob gehackter Majoran, Salz, Pfeffer aus der Handmühle, Mehl, etwas geriebenes Weißbrot, Zitronensaft.

Die gut gesäuberte Gänseleber etwa 12 Std. in Milch legen. Zwiebeln schälen, halbieren und in Scheiben schneiden. Äpfel schälen, vierteln, entkernen und in Spalten schneiden. Zwiebeln und Äpfel getrennt in Butter leicht andünsten, dann zusammengeben, mit Majoran, Salz und Pfeffer abschmecken und warm stellen.
Die Bratbutter in eine Pfanne zurückgeben und erhitzen. Die trockengetupfte Leber in Mehl wälzen, langsam in der Pfanne braten (die Leber soll innen rosa bleiben!), dann mit geriebenem Weißbrot bestreuen, noch etwas weiter braten und auf dem Apfel-Zwiebelgemüse anrichten.
Den Bratensatz mit Salz, Pfeffer und Zitronensaft würzen und über die Leber geben.
Dazu gehört Kartoffelbrei und grüner Salat, zubereitet mit saurer Sahne, Zitronensaft und Zucker.

Feines Ragout von Rebhühnern

für den besonderen Anlaß – mit Kalbs- oder Schweinefleisch zu recht trocken gekochtem Sauerkraut.

4 Rebhühner (küchenfertig), Salz, Pfeffer aus der Handmühle, 125 g Butter, 125 g Kalbs- oder Schweinefleisch (vom Nacken), 100 g magerer Speck, 2 kleine Zwiebeln, 1 Möhre, 1 Petersilienwurzel, 1 Lorbeerblatt, 2 Gewürznelken, 4 Wacholderbeeren, 1 Knoblauchzehe, 1 Zweig Thymian, 6 Nadeln Rosmarin, 1 Eßl. Mehl, 2 Sardellenfilets, 1/4 Liter Rotwein, 1/4 Liter Fleischbrühe, Zitronensaft, 4 Scheiben Weißbrot, etwas Butter, 750 g Sauerkraut.

Die küchenfertigen Rebhühner mit Salz und Pfeffer einreiben und in einem Bratentopf mit etwas Butter im vorgeheizten Ofen bei 200 Grad etwa 25 Minuten braten.
Kalbs- oder Schweinefleisch, Speck und abgezogene Zwiebeln würfeln und in Butter anbraten.
Geputztes und gewaschenes Gemüse sowie sämtliche Gewürze hinzufügen und schmoren lassen, bis alles schön gebräunt ist.
Dann mit Mehl bestäuben, Sardellenfilets sowie Rotwein und die Fleischbrühe hinzufügen und solange kochen lassen, bis das Fleisch schön weich ist.
Das Fleisch aus der Sauce nehmen und warm stellen.

Die Rebhühner aus dem Ofen nehmen, den Bratensatz ablöschen und in die Sauce geben.

Die Rebhühner der Länge nach halbieren, jeweils das Rückgrat herausschneiden und in die Sauce geben. Die Rebhühner warm stellen. Die Sauce noch 10 Min. kochen lassen, durch ein Sieb streichen, mit Salz, Pfeffer und Zitronensaft würzen.

Fleisch und Rebhühner wieder in die Sauce legen und nochmals erhitzen.

Die Weißbrotscheiben diagonal durchschneiden und in Butter knusprig braun braten.

Ein recht trocken gekochtes Sauerkraut in der Mitte einer Bratenplatte anrichten, die Rebhühner und das Fleisch darum herum anordnen.

Die Sauce darübergießen und mit den gerösteten Weißbrotscheiben belegen.

Restaurant Kempinski, Fasanenstraße Ecke Kurfürstendamm, 1926.

Fasan nach Berliner Art

Die Küche von Sanssouci soll sie aus der damaligen Fasanerie bezogen haben, die Friedrich der Große dort anlegen ließ, wo die Fasanenstraße zu Ende geht und sich heute der Berliner Zoo befindet.

1 Fasan (etwa 900 g), Salz, Pfeffer, einige fette Speckscheiben, 2 Eßl. Butter, 1/2 Lorbeerblatt, je 8 zerdrückte Pfefferkörner und Wacholderbeeren, 2 Steinpilze, 1 Schalotte, 1/4 Liter Madeira, 1/4 Liter Fleischbrühe, 1 Eßl. Mehl, 1 Eßl. kalte Butter, Zitronensaft.

Ein Fasan sollte unbedingt vor Gebrauch 2 – 3 Tage in den Federn hängen, wodurch er sehr an Zartheit und feinem Geschmack gewinnt.
Wenn derselbe gut gerupft und ausgeweidet ist, wird er nur mit einem Tuch ausgerieben, recht gesalzen und gepfeffert und in grünen Speck gewickelt.
Bis auf Salz, Pfeffer und Speck kann man sich heute viel ersparen, da es Fasane bereits bratfertig im Handel gibt.
Diesen so vorbereiteten Fasan mit Butter in einem Bräter bei etwa 200 Grad knapp 1 Std. im Backofen braten. Sobald der Bratensatz bräunt, etwas Wasser und die Gewürze hinzufügen. Wiederholt begießen.

Tafelrunde in Sanssouci, Lithografie von Adolf von Menzel.

Inzwischen die gut gesäuberten, in Scheiben geschnittenen Steinpilze mit der gewürfelten Schalotte in etwas Bratbutter vom Fasan anschwitzen und gar dünsten.

Den Fasan schließlich mit etwas Madeira angießen, damit sich der Bratensatz löst, dann warm stellen.

Den Bratensatz in einen Kochtopf geben, die Fleischbrühe hinzufügen, mit dem mit etwas Madeira angerührten Mehl binden. Zur gewünschten Menge einkochen lassen, durch ein Sieb auf die Steinpilze geben und nochmals aufkochen. Dann kalte Butter unterrühren und mit Salz, Pfeffer und Zitronensaft abschmecken.

Den Fasan zusammen mit der Sauce servieren. Dazu gibt es Kartoffelpüree und Salat von frischem Sellerie oder Sauerkraut mit reichlich Weinbeeren.

Fasane

Berliner Süßspeisen

Berliner Mehlspeise

ein Mehl-Sahnepudding – serviert mit einer originellen Weiß-biersauce – so wie man ihn nur in Berlin kennt!

1/2 Liter Sahne, 180 g Zucker, 125 g Mehl, 1 abgeriebene Zitronenschale (unbehandelt), ausgeschabtes Mark einer halben Vanillestange, Zimt, Salz, 6 Eier.
Für die Biersauce: 1/8 Liter Weißbier, 1 Eßl. Zucker, 1/2 Teel. Zimt, 2 Eßl. Zitronensaft, 3 Eigelb, 1 Ei.

Die Sahne mit der Hälfte des Zuckers, dem Mehl und allen Gewürzen bei starker Hitze solange rühren, bis sich die Masse gut vom Topf löst, dann abkühlen lassen und nach und nach das Eigelb von 6 Eiern unterrühren.
Das verbliebene Eiweiß mit dem restlichen Zucker steif schlagen und unter die Masse heben.
Eine Puddingform ausbuttern, mit geriebenem Weißbrot ausstreuen und die Masse einfüllen, dann im Wasserbad 45 Min. bei 150 Grad pochieren lassen.
Für die Sauce: Weißbier, Zucker und Zimt sowie Zitronensaft, Eigelb und das Ei in einer Schüssel im heißen Wasserbad mit dem Schneebesen schaumig schlagen, jedoch nicht kochen!
Den garen Pudding aus der Form stürzen und mit der Biersauce servieren.

Preußischer Marzipanflammerie

eine Marzipan-Nachspeise, die in Förmchen gegossen und nach dem Erkalten mit einer Fruchtsoße gereicht wird.

100 g süße geschälte Mandeln, 8 bittere geschälte Mandeln, etwas Rosenwasser, 1/2 Liter Milch, 60 g Grieß, 80 g Zucker, etwas Stangenzimt, 4 Eigelb, 2 Eiweiß.

Die geschälten Mandeln mit einem Schuß Rosenwasser in einem Mörser zu einem Brei verstoßen.
Milch, Grieß, Zucker und Zimt in einen Topf geben und unter ständigem Rühren zu einem Brei kochen.
Eigelb unterrühren, den Stangenzimt herausnehmen und das Mandelmus dazugeben. Dann das Eiweiß steifschlagen, unter die Masse heben und in Portionsförmchen oder in eine große Flammerieform füllen, kalt stellen. Nach dem Erkalten stürzen. Dazu gibt es eine Fruchtsauce oder ein Kompott.

Flammerieform

Berliner Luft

auch heute noch nicht von der Berliner Speisekarte gestrichen: eine leichte, erfrischende Nachspeise, die kalt gegessen wird!

4 Blatt Gelatine, 8 Eier, 5 Eßl. Zitronensaft, etwas Zitronenschale (unbehandelt), 125 g Zucker, etwas Salz.

Gelatine in kaltem Wasser einweichen, die Eier trennen und das Eigelb mit dem Zitronensaft, der Zitronenschale, Zucker und Salz in einem Kochtopf ins Wasserbad tauchen, dann mit einem Schneebesen solange schlagen, bis die Masse cremig wird, jedoch nicht kochen!
Zitronenschale herausnehmen, Gelatine ausdrücken und unter die Eigelbmasse rühren, dann kalt stellen.
Wenn die Speise steif zu werden beginnt, das verbliebene geschlagene Eiweiß unterheben.
Die Nachspeise in kleine Förmchen oder eine Schüssel füllen und in den Kühlschrank stellen.
Vor Gebrauch etwa 1 Stunde in das Tiefkühlfach stellen.

Schneebesen

*Romanisches Café
an der Gedächtniskirche um 1920.*

Arme Ritter

in Milch und Ei getauchte Weißbrotscheiben in der Pfanne goldbraun gebraten.

Je nach Bedarf 4 – 8 Scheiben Weißbrot, Kuchenbrot oder Zwieback, 1/4 Liter Milch, 1/4 Vanillestange, etwas Zitronenschale, Zucker, 4 Eier, 80 g Butter, Zimt.

Die Milch mit Vanille, etwas abgeriebener Zitronenschale und einem Teelöffel Zucker (oder auch Vanillezucker) aufkochen, abkühlen lassen und das Brot damit reichlich tränken.
Die Eier aufschlagen, verrühren, die mit Milch getränkten Brotscheiben durch das Ei ziehen und in Butter von beiden Seiten goldbraun backen. Mit Zimt und Zucker bestreuen.
Arme Ritter werden warm serviert, dazu gibt es eine Frucht- oder Vanillesauce oder ein frisches Kompott.

Milchkocher

Abfahrt der Milchwagen der Meierei C. Bolle etwa 1930, die wegen ihrer eindringlichen Glocke auch „Bimmel-Bolle's" Milchwagen genannt wurden.

Weichselpudding

der köstliche Schwarzbrot-Kirschpudding aus der Auflaufform!

125 g feingeriebenes Schwarzbrot, ⅛ Liter Milch, 125 g Zucker, 125 g Butter, 6 – 7 Eigelb, Zimt, gemahlene Nelken, 100 g frische, entsteinte Sauerkirschen, 60 g zerbröckelte Makronen oder gehackte Mandeln, 5 Eiweiß, 1 Teel. Kartoffelmehl.

Schwarzbrot, Milch, Zucker und Butter fast trocken kochen. Eigelb mit den Gewürzen nach und nach unterrühren, Kirschen und Makronen- oder Mandelmasse dazugeben, Eiweiß steifschlagen und mit dem Kartoffelmehl unterheben.
Eine Auflaufform buttern, mit geriebenem Weißbrot ausstreuen, die Masse einfüllen und bei 200 Grad etwa 45 Minuten in den vorgeheizten Backofen schieben.
Als Beilage eignet sich vorzüglich eine Weinschaum- oder Kirschsauce.

Kirschentkerner

Backäpfel

saure Äpfel gefüllt mit Marzipan, Honig und Rosinen – aus dem Berlin vor der Jahrhundertwende, als sie noch im Backrohr geschmort wurden.

4 große saure Äpfel, 50 g Marzipan, 50 g Butter, 2 Eßl. Honig, 50 g eingeweichte Rosinen, 50 g gehackte Mandeln, etwas Zitronensaft, etwas Zucker, Butterflöckchen.

Die Äpfel waschen, Stiele entfernen und von der Blüte her das Kerngehäuse ganz vorsichtig herausschneiden, ohne dabei die Äpfel zu durchstechen.
Marzipan, Butter, Honig, Rosinen und Mandeln miteinander verrühren und die Äpfel damit füllen, mit Zitronensaft bestreichen und Zucker darüberstreuen.
Butterflöckchen daraufsetzen und bei 175 Grad in den vorgeheizten Backofen schieben.
Die Äpfel sind fertig, wenn die Schale geplatzt und der Zucker leicht braun geworden ist.
Dazu sind eine heiße Vanillesauce oder leicht geschlagene Sahne zu empfehlen.

Mohnpielen

schon fast in Vergessenheit geraten – die traditionelle Süß-
speise zu Weihnachten und Silvester – stammt ursprünglich
aus Schlesien.

2 Kuchenbrötchen, 4 Scheiben Zwieback, knapp 3/4 Liter Milch,
250 g gemahlener Mohn (muß vorher unbedingt gebrüht werden!), 1/4 Stange Vanille, 100 g Rosinen, 150 g Zucker, 120 g
gehobelte Mandeln, Salz, 1 Gläschen Rum, 1/4 Liter Sahne.

Kuchenbrötchen in Scheiben schneiden, mit dem Zwieback in
der angewärmten Milch 10 Min. einweichen, dann auf einem
Sieb abtropfen lassen und vorsichtig ausdrücken.
Die Milch mit dem Mohn, Vanille, Rosinen, Zucker und
Mandeln 10 Min. langsam kochen, Salz und Rum zugeben
und abkühlen lassen.
Sahne steifschlagen, unter die Mohnmasse heben und schicht-
weise mit den ausgedrückten Kuchenbrötchen und Zwieback in
eine Glasschale füllen.
Mohnpielen sollten etwa 2 Tage im Kühlschrank durchziehen.

Berliner Gebäck

Berliner Apfeltorte

aus Mürbeteig mit Marzipan bestrichen, einer würzigen Apfel-füllung mit Korinthen, Mandeln, Zimt und Muskat und einer Blätterteigdecke mit Zitronenglasur.

Mürbeteig: 250 g gesiebtes Mehl, 175 g Butter, 1 Ei, 1 Eigelb, 18 g Zucker, ½ Tasse Sahne.
Füllung: 4 – 5 große Äpfel, 60 g Butter, 60 g Korinthen, 60 g gehackte Mandeln, Zimt, Muskat, ¼ Zitronenschale (unbehandelt), 1 Eßl. Zucker, 60 g Marzipan, 1 Eiweiß, 1 Zwieback.
Belag: 2 Platten Blätterteig, 1 Eigelb.
Zitronenglasur: 125 g Puderzucker, 1 Eiweiß und 2 Eßlöffel Zitronensaft.

Für den Mürbeteig Mehl, Butter, Ei, Eigelb, Zucker und Sahne miteinander verrühren und gut durchkneten (jedoch nicht zu lange!), in ein Tuch einschlagen und kalt stellen.
Dann eine Springform damit auslegen und anbacken.
Äpfel schälen, entkernen und in Scheiben schneiden, dann mit der Butter andünsten. Jetzt die Korinthen und Mandeln sowie den Zimt, Muskat, die abgeriebene Zitronenschale und 1 Eß-löffel Zucker unter die Äpfel mischen.
Marzipan mit einem Eiweiß verdünnen, auf die Mürbeteigplatte streichen und geriebenen Zwieback darüberstreuen. Die Äpfel gleichmäßig darauf verteilen und dabei einen kleinen Rand ringsherum freilassen.

Auf die so vorbereitete Apfeltorte wird eine Decke von dünn ausgerolltem Blätterteig gezogen und auf den mit Ei bestrichenen Rand festgedrückt. Dann im Ganzen mit Ei bestreichen, mit einer Gabel einige Male einstechen und die Torte im vorgeheizten Ofen bei 175 Grad etwa 40 Min. fertigbacken.
Für die Zitronenglasur den Puderzucker mit geschlagenem Eiweiß und Zitronensaft gut durchrühren, über die abgekühlte Torte streichen und trocknen lassen.

Der Teig darf mit den Händen nicht zu lange geknetet werden,
da er sonst zu warm und klebrig wird.

Berliner Pfannkuchen

weit über die Grenzen Berlins hinaus als „Berliner" bekannt
– ob ihr Erfinder, wie die Legende sagt, wegen ihrer runden
Form friderizianischer Kanonier war, der wegen Untauglichkeit
in die Backstube versetzt wurde, ist heute nicht mehr eindeutig
zu klären.

500 g Mehl, 35 g Hefe, 1/2 Tasse lauwarme Milch, 150 g Butter,
etwas Salz, abgeriebene Zitronenschale, 3 gestoßene bittere
Mandeln, 3 Eier, 1 Eßlöffel Zucker, Pflaumenmus, Schweineschmalz, Puderzucker.

Das gesiebte Mehl in eine Schüssel geben und die Hefe in einer
kleinen Vertiefung mit etwas warmer Milch dickbreiig ansetzen,
so daß noch ein Mehlrand stehen bleibt. Mit etwas Mehl bestäuben und abdecken, dann die Schüssel warm stellen und
eine Weile gehen lassen.
Die Butter in Flöckchen auf den Mehlrand setzen. Nach etwa
45 Min. eine Prise Salz, etwas abgeriebene Zitronenschale,
Mandeln, Eier und Zucker dazugeben und einen nicht zu festen
Teig herstellen. Wenn nötig, noch etwas warme Milch zugeben.
Den Teig so lange kneten und schlagen, bis er Blasen wirft
und sich vom Holzlöffel löst. Wiederum eine Zeitlang gehen
lassen und nochmals durchschlagen.

Dann den Teig auf einem gemehlten Brett etwa ¹/₂ cm dick aus-
rollen und mit einer Form oder einem Glas (6 – 7 cm ⌀) runde
Scheibchen ausstechen.
Die Hälfte der Teigscheiben als Unterteile verwenden und auf
jede einen Teel. Pflaumenmus setzen, den Rand mit etwas
Wasser befeuchten, die restlichen Scheibchen daraufsetzen und
sanft andrücken, damit die Ränder dicht abschließen.
Dann so lange gehen lassen, bis sie sich weiter kugelförmig
vergrößert haben und schließlich schwimmend in recht heißem
Schweineschmalz von beiden Seiten backen.
Mit dem Schaumlöffel herausnehmen, auf einem Tuch oder
Kuchenrost abtropfen lassen und mit Puderzucker bestäuben.
Berliner werden nach Belieben auch mit Zuckerguß bestrichen.

Schaumlöffel und Berliner Pfannkuchen.

Berliner Stolle

auch Stute genannt, gehört zum klassischen Berliner Kaffee-
gebäck – je gründlicher der Teig durchgearbeitet wird, desto
besser gelingt der Kuchen!

500 g Mehl, 1/8 Liter Milch, 35 g Hefe, 125 g Rosinen und
Korinthen, etwas Rum, 100 g Zucker, 3 Eier, 1/2 abgeriebene
Zitronenschale, 40 g süße geriebene Mandeln, 15 g bittere geriebene Mandeln, 30 g gehacktes Zitronat, Salz, Muskatblüte,
30 g gehackte Mandeln, 200 g Butter, Zimt, Rosenwasser.

Etwa 150 g Mehl in eine Schüssel geben. Die in lauwarmer
Milch aufgelöste Hefe in eine kleine Vertiefung in das Mehl
geben und dickbreiig anrühren, so daß noch ein Mehlrand
stehen bleibt, dann leicht mit Mehl bestäuben und 1 Std. am
Ofenrand gehen lassen.
Rosinen und Korinthen verlesen, waschen und mit etwas Rum
anquellen lassen.
Jetzt das restliche Mehl, Zucker, Eier, Zitronenschale, geriebene
Mandeln, Zitronat, Salz und Muskat mit zerlassener Butter
vorsichtig zu einem Teig verrühren und mit den Rosinen in die
Schüssel zu der Hefe geben.
Das Ganze gut und kräftig durchkneten, bis der Teig recht fest
und trocken ist, nochmals eine Stunde gehen lassen.
Dann die Stollen formen, mit Wasser bestreichen, die gehackten
Mandeln darüberstreuen und andrücken, dann im vorgeheizten

Ofen bei 175 Grad etwa 55 Min. backen. Anschließend reichlich mit zerlassener Butter bestreichen, mit Zucker und Zimt bestreuen und mit etwas Rosenwasser besprenkeln.

Teigknetmaschine einer Großbäckerei.

Berliner Kaffeekuchen

eine Art Butter- oder Zuckerkuchen, jedoch mit Korinthen und Rosinen.

250 g Mehl, 100 g Zucker, 2 Eier, etwas Salz, 4 Eßl. Milch, 1 Eßl. Korinthen, 1 Eßl. Rosinen, 1/2 Eßl. gehacktes Zitronat, 1 Ei, 40 g flüssige Butter, 2 Eßl. gehackte Mandeln, 2 Eßl. grober Zucker.

Aus dem Mehl und dem Zucker, den Eiern, Salz und Milch einen festen Teig zubereiten.
Korinthen, Rosinen, Zitronat unterkneten und den Teig auf einem gefetteten Backblech etwa 1 cm dick ausrollen.
Die flüssige Butter mit dem Ei verrühren, auf den Teig streichen und Mandeln und Zucker darüberstreuen.
Schließlich den Kuchen etwa 25 Min. bei 200 Grad im vorgeheizten Ofen backen.

Vor der Terrasse des Café Kranzlers
Unter den Linden Ecke Friedrichstraße, das der Wiener
Zuckerbäcker Johann Georg Kranzler 1825 gründete.

Berliner Küchel

oder Mandelplätzchen vom Backblech nach Altberliner Art.

125 g Butter, 200 g Zucker, 2 Eier, 5 Eigelb, 80 g gemahlene Mandeln (halb süß, halb bitter), 1/2 abgeriebene Zitronenschale (unbehandelt), 250 g Mehl, 100 g gehackte Mandeln.

Die Butter mit dem Zucker schaumig rühren, Eier, zusätzliche Eigelbe, gemahlene Mandeln, Zitronenschale und Mehl nach und nach unterrühren.
Von diesem Teig mit einem Löffel kleine Häufchen auf ein mit Papier ausgelegtes Backblech setzen, ein wenig flach drücken und mit den gehackten Mandeln bestreuen.
Dann bei 175 Grad etwa 15 Min. in dem vorgeheizten Ofen backen.

Kaffeeröster

Berliner Napfkuchen

hier die Berliner Art mit geriebenen Mandeln und in Rum eingeweichte Sultaninen und Korinthen – Sultaninen sind gelbe und Korinthen schwarze Rosinen aus kernlosen Trauben.

30 g Hefe, 1/2 Tasse lauwarme Milch, 300 g Butter, 200 g Zucker, 500 g Mehl, 6 Eier, 1/2 abgeriebene Zitronenschale (unbehandelt), 25 g geriebene Mandeln (halb süß, halb bitter), Salz, Muskatblüte, je 100 g Sultaninen und Korinthen in Rum eingeweicht, 50 g gehacktes Zitronat, Puderzucker.

Die Hefe mit etwas Zucker und der lauwarmen Milch anrühren und etwa 15 Min. bei Zimmertemperatur stehenlassen.
Die Butter mit dem Zucker in einer Schüssel schaumig rühren, Eier und Mehl sowie die Hefemischung, Zitronenschale, Mandeln, Salz und Muskatblüte nach und nach unterrühren und zu einem glatten Teig verarbeiten.
Den Teig an einem warmen Ort solange stehenlassen, bis er sich sichtbar vergrößert hat, dann nochmals gut durchkneten.
Schließlich die Sultaninen, Korinthen und Zitronat unterkneten, den Teig in eine gebutterte Napfkuchenform (etwa 24 cm Ø) füllen und nochmals an einem warmen Ort gehen lassen bis er sich weiter vergrößert hat.

Dann den Kuchen bei etwa 200 Grad in den vorgeheizten Backofen schieben und 50 – 60 Min. backen lassen. Anschließend den erkalteten Kuchen stürzen und mit Puderzucker bestäuben.

„Eene Rosine kannste nehm' – friß aba keene Fliege!"
Zeichnung von Heinrich Zille.

Preußischer Räderkuchen

mit dem Kuchenrad geschnittene Teigstreifen zu Schleifchen geformt – auch Schleifchenkuchen genannt.

300 g Mehl, 80 g Zucker, 4 Eßl. saure Sahne, 5 Eigelb, 1 Eßl. Rum, 1 Prise Zimt, Puderzucker zum Bestreuen.
Zum Backen: Speiseöl oder Kokosfett.

Mehl mit übrigen Zutaten zu einem glatten Teig verarbeiten – sollte der Teig kleben, ihn eine Weile kalt stellen.
Den Teig etwa 1/2 cm dick ausrollen, in 3 cm breite und 10 cm lange Streifen rädern, in der Mitte der einen Hälfte längs einschneiden und das Ende der anderen Hälfte vorsichtig durch die Öffnung ziehen.
Die so entstandenen Schleifchen schwimmend in siedendem Fett goldbraun backen, mit dem Schaumlöffel herausnehmen und auf einem Kuchenrost abtropfen lassen, schließlich mit Puderzucker bestäuben.

Kuchenrad

Eines der vielen Berliner Gartenlokale – hier „Muskow's Kaffeegarten" in Charlottenburg am Luisenplatz und Spandauer Damm im Jahre 1830.

Hier können
Familien
Kaffee
kochen

Zimtbrezeln

das Gewürz aus der Rinde des Zimtbaumes wurde bereits im Alten Testament erwähnt, aber erst im 14. Jahrhundert in Deutschland eingeführt.

150 g Butter, 150 g Zucker, 2 Eier, 360 g Mehl, 1/2 Backpulver, Vanille, 1 Prise Salz, 1/2 Teel. gemahlener Zimt.

Butter, Zucker und Eier schaumig rühren und mit dem gesiebten Mehl, Backpulver und den restlichen Zutaten zu einem glatten Teig verarbeiten. Brezeln formen und auf ein gefettetes Blech setzen, mit Eigelb bestreichen und im vorgeheizten Ofen bei 200 Grad etwa 20 Min. backen.

Selbsttätige Kaffeemaschine mit Spiritusfeuer aus dem Jahre 1898.

Es war ein alter Berliner Brauch, daß man in vielen Ausflugslokalen der Stadt seinen mitgebrachten Kaffee selbst kochen konnte. Das Wirtshaus stellte Kochwasser, Geschirr und Milch für den Preis von wenigen Pfennigen zur Verfügung.

Berliner Baumkuchen

Als Baum werden Sie ihn ohne Spezial-Vorrichtung nicht backen können, jedoch mit nachstehendem Rezept gelingt Ihnen mit Sicherheit eine hervorragende Baumkuchentorte!

250 g Butter, 200 g Zucker, ausgekratztes Mark einer Vanillestange, Salz, Muskatblüte, 2 Teel. Rum, 8 Eier, 200 g Weizenmehl, 60 g Kartoffelmehl, 3 gestrichene Teel. Backpulver. Für den Zuckerguß: 250 g Puderzucker, Rosenwasser.

Butter, Zucker, Vanille, Salz und Muskat in einer Schüssel schaumig rühren, dann den Rum dazugeben.
4 Eier und zusätzlich 4 Eigelb nach und nach unterrühren. Weizen- und Kartoffelmehl mit dem Backpulver mischen, sieben und eßlöffelweise hineingeben. Zum Schluß restliches Eiweiß steifschlagen und vorsichtig unter den Teig ziehen. Den Boden einer Springform mit Papier auslegen, dünn mit Teig bedecken und bei etwa 200 Grad in den vorgeheizten Backofen schieben. Sobald die Oberschicht gebräunt ist, die nächste Schicht Teig aufstreichen und weiter backen. Dieses fortsetzen, bis der Teig verbraucht ist.
Für den Zuckerguß den Puderzucker mit soviel erwärmtem Rosenwasser verrühren, bis eine dickflüssige Masse entsteht. Hiermit die erkaltete Torte überziehen.

Laubenpieper's
Selbstgemachte

Polnischer Tee

2 Fl. Weißbier, 6 Eigelb, etwas Zitronenschale, 2 cm Zimtstange, brauner Zucker nach Geschmack, Rum nach Geschmack. Alles zusammen über Wasserdampf durchschlagen, bis es recht heiß und cremig wird. Zitrone und Zimt entfernen und in Kaffeetassen anrichten.

Süße Kanne

1 Apfel und 1 Pfirsich – beide mit Schale – in Scheiben schneiden, Himbeeren, Erdbeeren und Johannisbeeren mit einem Spritzer Zitrone und weißem Rum über Nacht kühl und zugedeckt stehen lassen. Zucker nach Geschmack! Am nächsten Tag aufgießen mit Champagner oder Weißbier oder Champagner und Weißbier.

Kardinal

1 Zitrone, 1 Orange, 2 cm Zimt, 2 Nelken, 1 Fl. Weißwein, 1 Fl. Rotwein, 2 Eßl. Zucker. Zitronenschale, Orangenschale, Zimt und Nelken mit dem Saft der Früchte sowie dem Zucker und Weißwein aufkochen und über Nacht stehen lassen. Durch ein Sieb geben. Gut kühlen und den Rotwein kalt dazugießen.

Eine der vielen, typisch berlinischen „Destillen", auch Budiken genannt. Hier die Destille mit Restaurant von Ernst Bading in der Reuterstraße Ecke Kaiser-Friedrich-Straße (später Sonnenallee) im Jahre 1895.

Gentleman-Weiße

2 Würfelzucker auf einer Zitrone abreiben und mit 2 cl Gin ins Glas geben. Weißbier darüber!

Berliner Lindenbowle

Voll aufgeblühte, frisch gepflückte Lindenblüten (sorgsam auf Insekten überprüfen!) in einer Terrine mit wenig Zucker und lieblichem Weißwein übergießen. Zugedeckt etwa 4 Stunden ziehen lassen und mit Champagner auffüllen.

Bierbowle

4 Scheiben Zitrone, den Saft 1/2 Zitrone, geriebener Ingwer, wenig geriebene Muskatnuß, brauner Zucker und einige Apfelscheibchen mit Kümmelschnaps gut anfeuchten und mit halb Braunbier und halb Weißbier aufgießen.

Berliner Biergarten 1897. Die Bezeichnung „Weiße"
kommt von dem Wort Weizen, denn Berliner Weiße ist
ein obergäriges Bier aus Gerste und Weizenmalz.
Entscheidend für die Qualität ist das weiche Berliner
Wasser, welches für die Entfaltung der Milchsäure- und
Hefebakterien beim Gärungsverlauf wichtig ist.

Gärtner's Heckenbowle

mit Berberitzen, den säuerlich-aromatischen Beeren, eine prickelnde, nicht alltägliche Erfrischung!

3 Eßlöffel Berberitzen (mit Saft) in ein großes Glas geben und 1 Flasche Weißbier hinzugießen.

Berberitzen einmachen: Sammelzeit September bis Oktober. Zunächst Läuterzucker herstellen im Verhältnis 1 Pfund Zucker zu 3/4 Liter Wasser, klar kochen. Dann mit dem nicht zu heißen Läuterzucker die Früchte (mit Stiel) übergießen. Auf 1 Pfund Früchte kommt etwa 1/2 Liter Flüssigkeit. 48 Stunden stehen lassen, den Saft abgießen und sirupartig einkochen. Schließlich die Früchte in Gläser füllen, mit dem abgekühlten Sirup aufgießen und die Gläser abdecken.

Berberitzen

Die Weißbierstube von Päpke in der Jerusalemer Straße um 1883. Hier sieht man ganz deutlich die Weißbierwannen der damaligen Zeit. Zunächst trank man Weißbier aus hohen Stangengläsern mit Deckel, dann aus fußlosen „Wannen" und erst später aus den uns bekannten Weißbierschalen mit Stiel und breitem Fuß.

Laubenpieper's Reinetten-Weiße

aus recht sauren, reifen und aromatischen Reinetten oder auch anderen Äpfeln!

Schälen, vierteln, entkernen und in Scheiben schneiden. Zuckern und 1/2 Tag kühl und zugedeckt stehen lassen. Apfelkorn nach Geschmack darübergeben und noch 1 Stunde ziehen lassen. 3 Eßl. ins Glas geben und eiskaltes Weißbier darüber! Die Glasränder vorher in Apfelkorn und Zucker tauchen.

Altgermanischer Meth

der Germanentrunk, gebraut aus Wasser und Bienenhonig!

Man lasse in einen recht reinlichen kupfernen Kessel 50 – 60 Liter weiches Wasser bringen. Ist dies ziemlich warm geworden, so werden etwa 6 Liter Honig hineingerührt, und man läßt Wasser und Honig recht gelinde 1 ½ Std. sieden. Zeitweilig wird der schmutzige Schleim, der sich oben ansetzt, abgeschöpft.

Sobald dieser Sud dann so weit abgekühlt ist, daß er noch mehr Wärme hat als jenes Wasser, das in starker Sonnenhitze erwärmt wurde, so wird er in ein sehr sorgfältig gereinigtes Faß gebracht, der Spund wird darauf gelegt, aber nicht befestigt. Ist der Keller ziemlich warm, dann beginnt nach 5 – 10 Tagen die Gärung („wilde" Gärung ohne Hefezusatz). Nach ungefähr 14 Tagen wird dieser junge Meth in ein anderes Faß abgezogen – die „Grundhefe" muß natürlich zurückbleiben.

Im zweiten Faß dauert die Gärung ungefähr 10 bis 14 Tage, und wenn der Honigwein ruhig wird, daß man im Fasse nichts mehr hört, dann wird das Spundloch geschlossen. Nach 3 – 4 Wochen kann der Meth hell und trinkbar auf Flaschen abgezogen werden. Gut verkorkt und in kalten Sand gebracht, moussiert er in einigen Tagen ziemlich stark. Dieser so zubereitete Meth ist nicht allein ein sehr gutes Getränk für Gesunde, sondern wird, da er leicht gekühlt gehalten wird, auch von Fieberkranken gern getrunken. Er hat allgemein einen Alkoholgehalt von 8 – 12 Vol. %.

Ofen und Siedekessel zur Meth-Herstellung,
Mitte des 17. Jahrhunderts.

Köstliches aus der alten Westfälischen Küche

eine Auswahl typisch westfälischer Kochrezepte vom Lande

das Kochbuch, das beim Durchblättern nach Gewürzen duftet – eine seltene Rezeptsammlung mit typischen Gerichten aus der bäuerlich-ländlichen Speisekarte Westfalens – erhältlich bei Ihrem Buchhändler. ISBN 3-921991-00-5   DM 29,50

Verlag Hans-Peter Kock
Postfach 5010   4800 Bielefeld 1

Jutta Kürtz

Altbewährter Ratgeber für Haus und Hof

Kock

eine ungewöhnliche Sammlung überlieferter, altbewähr-
ter Ratschläge, nützlicher Tips und seltener Rezepturen
für Küche, Haus und Hof. Eine köstliche Lektüre für
Jedermann — erhältlich bei Ihrem Buchhändler!

ISBN 3-921991-02-1   DM 24,–

Verlag Hans-Peter Kock
Postfach 5010   4800 Bielefeld 1